Veröffentlichungen des Deutschen Vereins für Volks-Hygiene.

Im Auftrage des Zentralvorstandes
in zwanglosen Heften herausgegeben
von
Dr. K. Beerwald, Berlin.

Heft V.

Die häusliche Pflege bei ansteckenden Krankheiten, insbesondere bei ansteckenden Kinderkrankheiten.

Drei Vorträge
von
Dr. K. Doll in Karlsruhe.

München und Berlin.
Druck und Verlag von R. Oldenbourg.
1903.

Leitsätze:

I. Selbstlose Liebe zu den Mitmenschen muß die Grundlage jeglicher Tätigkeit am Krankenbett sein.

II. Kranke zu pflegen, ist eine schwere und verantwortungsvolle Aufgabe.

III. Die Krankenpflege kann man nicht als Nebenbeschäftigung oder als Liebhaberei betreiben. Sie erfordert den Einsatz der vollen geistigen und körperlichen Kraft, den Einsatz der ganzen Persönlichkeit.

IV. Die sachgemäße Pflege eines Kranken ist stets ein wichtiger, häufig der wesentlichste Teil der Krankenbehandlung.

V. Die Pflege bei ansteckenden Krankheiten verlangt außerdem noch persönlichen Opfermut.

VI. Die Richtschnur für das persönliche Verhalten gegenüber ansteckenden Kranken sei Furchtlosigkeit auf der einen, Vorsicht auf der andern Seite.

VII. Bei Infektionskrankheiten gilt es, die nächste Umgebung des Kranken vor Ansteckung zu schützen.

VIII. Die Krankenpflege ist an erster Stelle berufen, an allen auf Krankheitsverhütung abzielenden Maßregeln mitzuwirken.

IX. Der Pflege bei Infektionskrankheiten fällt somit eine wichtige und lohnende Aufgabe auf dem Gebiete der Volkshygiene zu.

Inhaltsangabe.

Erster Vortrag.

Allgemeines.

Es hat gewiß seine Berechtigung, die ansteckenden Krankheiten mit Einschluß der ansteckenden Kinderkrankheiten und die Pflege bei denselben einer eingehenden Betrachtung zu unterziehen. Denn hier fallen der Krankenpflege eigene und neue Aufgaben zu, die sie besonders schwierig und verantwortungsvoll erscheinen lassen.

Im allgemeinen können wir sagen: die Krankenpflegerin soll die Helferin des Kranken und des Arztes sein. Handelt es sich aber um eine ansteckende Krankheit, so erfährt dieses Wirkungsgebiet eine beträchtliche und erschwerende Erweiterung.

Die Pflegerin soll dann auch bei all den Maßnahmen mithelfen und mit Hand anlegen, die darauf abzielen, die Umgebung des Kranken vor Ansteckung und diesen selbst vor immer neuer Selbstansteckung zu schützen. Die Pflegerin muß und darf dabei nicht vergessen, daß sie selbst in erster Linie der Gefahr der Übertragung ausgesetzt ist, und daß sie daher eine Reihe persönlicher Schutzmaßregeln zu beobachten hat.

Die Art, wie die Übertragung auf andere Menschen und ihre Verbreitung vor sich geht, ist bei den verschiedenen ansteckenden oder Infektionskrankheiten, wie man sie auch nennt, eine durchaus verschiedene.

Daraus ergibt sich, daß bei der einen diese, bei der andern jene Verhütungsmaßregeln am Platze sind. Ferner sind gewisse äußere Verhältnisse, wie z. B. die Wohnung und Unterbringung eines Kranken, auf die Art ihrer Ausführung von großem Einfluß. Was in einem gut eingerichteten Krankenhaus gleichsam spielend und wie von selbst läuft, dessen Durchführung kann in einer beschränkten Privatwohnung auf die größten Schwierigkeiten stoßen, selbst unmöglich sein. Es besteht also hier kein Schema, das für alle Fälle paßt, sondern es muß, in der häuslichen Pflege wenigstens, für jeden einzelnen Fall überlegt und ausgeklügelt werden, wie sich das Ziel, die Umgebung zu schützen, am besten erreichen läßt.

Danach ist ohne weiteres klar, daß jeder, der bei der Pflege ansteckender Krankheiten helfen will, einige Kenntnisse von deren Wesen und speziellen Verbreitungsweise besitzen muß, wenn anders er mit Einsicht und Verständnis seines Amtes walten soll.

Es kann hier nicht meine Aufgabe sein, alle existierenden Infektionskrankheiten zu beschreiben. Ich kann nur eine kurze Charakteristik der bei uns bekannten und häufigeren Infektionskrankheiten geben und einige Angaben darüber machen, wie man sich deren Verbreitung von Mensch zu Mensch zu denken hat.

Daß die Infektionskrankheiten auf dem Eindringen kleinster Pilze, sog. Bakterien, Bazillen und Kokken, in den menschlichen Körper beruhen, das ist heutzutage eine auch dem Laien bekannte und geläufige Sache. Ich möchte fast sagen zu bekannt, denn die Angst vor diesen unsichtbaren und unheimlichen Feinden und das Gefühl der Ohnmacht ihren Angriffen gegenüber bringt beim Publikum gelegentlich wunderliche Blüten hervor, und aus verständiger Vorsicht wird oft schädliche Ängstlichkeit.

Die Lehre von diesen kleinsten, nur bei stärkster Vergrößerung wahrnehmbaren Lebewesen, die Bakteriologie oder Bakterienkunde, ist im Lauf der letzten 20—30 Jahre zu einem überaus wichtigen und interessanten Spezialgebiet der medizinischen Forschung geworden. Bei einer ganzen Reihe von Krankheiten ist es dieser Wissenschaft gelungen, den spezifischen Erreger, wie wir uns ausdrücken, d. h. diejenige kleinste Pilzart, welche allein die bestimmte Krankheit zu erzeugen imstande ist, aufzufinden und genau zu bestimmen. Mit Hilfe sehr feiner technischer Verfahren ist es möglich, die einzelnen Bakterienarten voneinander zu kennen und zu unterscheiden mit derselben Sicherheit, mit der, um einen Vergleich zu gebrauchen, der Botaniker nach bestimmten Kennzeichen die einzelnen Arten und Spielarten einer Pflanzengattung voneinander zu unterscheiden versteht. Und um sich einen Begriff von der Größe dieser kleinsten Lebewesen zu machen, sei darauf hingewiesen, daß z. B. von den Tuberkelbazillen mehrere Tausende zusammengehäuft sein müssen, bis sie uns etwa in der Größe einer Stecknadelspitze sichtbar werden.

Doch mit dem bloßen Auffinden und Erkennen ist es nicht getan. Es kommt vor allem auch darauf an, herauszubekommen, unter welchen Verhältnissen und Bedingungen und auf welchem Wege die krankheitserregenden Pilze in den menschlichen Körper eindringen können, unter welchen Bedingungen sie dort haften, unter welchen Verhältnissen und Bedingungen sie außerhalb des menschlichen Körpers, in der Luft, die wir atmen, im Staube unserer Zimmer und Straßen, auf den Speisen und Getränken, die wir genießen, zu gedeihen und sich zu verbreiten vermögen. Es gilt endlich zu ergründen, was ihr Wachstum fördert und was es hindert bezw. sie ganz vernichtet. Viele derartige Krankheitspilze gedeihen am besten bei einer bestimmten

Temperatur. Dieser Wärmegrad entspricht meist etwa der Körperwärme des Menschen. Die einen halten sich im trockenen Staub sehr lange lebens- und ansteckungsfähig, während Feuchtigkeit ihrer Verbreitung hinderlich ist; andere können mehr im Wasser oder anderen Flüssigkeiten fortkommen, während Austrocknung sie bald vernichtet. Wieder andere brauchen zum Leben den Zutritt der Luft, andere gedeihen am besten bei Luftabschluß.

Wie oben angeführt, sind nun für eine Reihe von Krankheiten die spezifischen Erreger sicher bekannt und zum Teil auch in ihren Lebens- und Verbreitungsbedingungen näher erforscht. Ich nenne Ihnen den Milzbrandbazillus für die Milzbrandkrankheit der Tiere und Menschen, den Tuberkelbazillus für die Lungenschwindsucht und die andern zur Tuberkulose gehörigen Erkrankungen, den Kommabazillus für die Cholera, den Pestbazillus für die Pest, den sog. Löfflerschen Bazillus für die Diphtherie, den Influenzabazillus bei der Grippe, verschiedene Kokkenarten bei der Rose sowie den septischen und pyämischen Erkrankungen, welche man gewöhnlich Blutvergiftungen und Eiterfieber nennt, endlich die Malariaplasmodien für das Wechsel- oder Sumpffieber.

Sie haben hier schon eine Musterkarte von kleinen Feinden, die auf den verschiedensten Wegen und auf die verschiedenste Weise Leben und Gesundheit der Menschen bedrohen. Die Erreger des Milzbrandes, der Rose und der Wund- und Eiterfieber bedürfen zum Eindringen in den Körper einer eigenen Eingangspforte. Als solche kann ihnen eine absichtlich bei einer Operation oder unabsichtlich durch Verletzung entstandene Wunde dienen. Es genügt aber auch schon ein kleines Rißchen oder eine kleine Schrunde irgendwo in der Haut oder einer Schleimhaut, z. B. in der Nase oder im Mund, um sie in das Blut eindringen und ihre zerstörende Wirkung im Körper beginnen zu lassen.

Da ja die Pest, diese furchtbarste aller Seuchen, immer wieder an den Pforten Europas anklopft, so kann sie nicht ganz unerwähnt bleiben. In weitaus den meisten Fällen dringen die Pestbazillen durch kleine Wunden und Verletzungen in den Körper ein. Darin ist gleichzeitig in beruhigender Weise die Möglichkeit des Schutzes gegen diese Krankheit gegeben, und es ist in solchen Epidemiezeiten noch mehr als gewöhnlich geboten, äußerlichen, wenn auch noch so kleinen Verletzungen der Haut, namentlich an den unbedeckten Teilen des Körpers, volle Beachtung zu schenken. Sie sollen so schnell als möglich zur Heilung gebracht, jedenfalls in geeigneter Weise geschützt und bedeckt werden. Diese Regel gilt auch für jedermann, welcher mit Kranken zu tun hat, die an Rose oder an Wund- oder Eiterfieber erkrankt sind.

Von der Pest ist noch zu erwähnen, daß in seltenen Fällen der Pestkeim in der Lunge unter der Form einer eigentümlichen Lungenentzündung sich festsetzen kann. Er wird von solchen Kranken ausgehustet und kann von andern eingeatmet werden und dann gleichfalls wieder Lungenpest erzeugen. Tragische Beispiele dieser Art waren die tödlichen Erkrankungen des Dr. Müller in Wien und neuerdings des Dr. Sachs in Berlin, welche durch die Tagesblätter weiteren Kreisen bekannt wurden.

Der Tuberkelbazillus ist ein vielseitiger und darum besonders heimtückischer Geselle. Seine gewöhnliche Heerstraße führt durch die Atmungswege in die Lunge, wo er die Lungentuberkulose erzeugt; er kann aber auch durch kleine Rißchen in der Haut oder Schleimhaut zunächst in die Lymphdrüsen gelangen und von da aus durch Vermittlung des Säftestromes in Knochen oder Gelenken, in der Hirnhaut oder sonst wo sich festsetzen. Sogar in der äußeren Haut kann er sich niederlassen, wo er dann den Lupus, die fressende Flechte, erzeugt. Der Auswurf der Lungenkranken enthält Tuberkelbazillen häufig in enormen Mengen, und der Auswurf vermittelt deshalb unzweifelhaft in erster Linie die Übertragung der Tuberkulose. In einem späteren Abschnitt, wo wir uns mit der Pflege Lungenkranker im besonderen beschäftigen wollen, wird hervorgehoben werden, welche wichtige Aufgabe in der Verhütung dieser Krankheit durch Unschädlichmachen des Auswurfs dem pflegenden Personal und den Angehörigen zufällt.

Die Ansteckung mit Diphtherie und Influenza geschieht wohl meistens von der umgebenden Luft aus.

Die Erreger des Typhus und der Cholera dagegen setzen sich im Darm fest, wenn sie dahin mit verseuchten Nahrungsmitteln, namentlich mit infiziertem Trinkwasser, eingewandert sind. Sie erscheinen deshalb in den Darmausleerungen der Kranken, und es fällt auch hier der pflegenden Person die Aufgabe zu, diese Ausscheidungen unschädlich zu machen.

Noch nicht gedacht wurde einer Anzahl von Krankheiten, welche vorzugsweise, aber nicht ausschließlich, im Kindesalter auftreten. Man nennt sie deshalb ansteckende Kinderkrankheiten oder Kinderkrankheiten schlechtweg. Da ihnen gewisse Eigentümlichkeiten gemeinsam sind, so verdienen sie eine gesonderte Betrachtung.

Hierher gehören, um sie mit Namen aufzuführen: Scharlach, Masern, Röteln, Wasserblattern, in Norddeutschland Windpocken genannt, Wochentölpel oder Ziegenpeter und Keuchhusten. Dieser Gruppe reihen sich dann noch die echten Blattern oder

Pocken an. Zunächst ist bei den sämtlichen Krankheiten dieser Gruppe eines sehr merkwürdig. Es ist bis jetzt bei keiner einzigen derselben, trotz eifrigen Suchens und Forschens, gelungen, den spezifischen Erreger aufzufinden und zu bestimmen. Daß auch sie auf der Einwanderung kleinster, pilzartiger Lebewesen beruhen, ist wohl mit Sicherheit anzunehmen. Augenscheinlich sind dieselben aber so winzig klein oder von so eigenartiger Beschaffenheit, daß sie mit unseren jetzigen Methoden, Mikroskopen u. s. w. nicht sichtbar zu machen sind. Merkwürdig bei diesen Krankheiten ist ferner, daß bloßes Zusammensein mit einem Kranken, unter Umständen für ganz kurze Zeit, zur Ansteckung genügt. Bei einigen Krankheiten können ihre Keime auch durch Gegenstände oder dritte Personen, die selbst gesund bleiben, wenn sie mit einem solchen Kranken in Berührung waren, verschleppt werden. Wir sind also einstweilen zu der Annahme gezwungen, daß die Kranken die Keime an die sie umgebende Luft abgeben und daß sie von hier aus vermutlich unter Vermittlung der Atmung in andere Menschen hineingelangen. Das läßt sich vermuten, aber nicht beweisen, da uns ja, wie gesagt, die spezifischen Erreger bei dieser Krankheitsgruppe bis jetzt noch nicht bekannt sind. Endlich als dritte Eigentümlichkeit — und diese ist wohl die merkwürdigste — besitzen diese Krankheiten die wunderbare Kraft, daß sie jeden, der sie einmal überstanden hat, für sein ganzes Leben vor weiterer Ansteckung mit derselben Krankheit schützen. Immunität nennt man diese wünschenswerte Eigenschaft, für eine Infektionskrankheit unempfänglich, gegen sie gefeit zu sein. Das Überstehen des Scharlach verleiht also Immunität gegen denselben, das Überstehen der Masern gegen Masern, und ebenso geschieht es bei den anderen Krankheiten dieser Gruppe.

Das ist nicht nur eine sehr merkwürdige Erscheinung, die bis jetzt eigentlich niemand völlig erklären kann, es ist auch eine barmherzige Einrichtung der Vorsehung. Bestände sie nicht, so wäre unser Leben von der Wiege bis zum frühen Grab eine fortgesetzte Kette von Erkrankungen, so daß die Erde wohl längst entvölkert wäre.

Ich bin auf diese, dem eigentlichen Thema scheinbar fernliegenden Dinge näher eingegangen, weil sie jedem bekannt und geläufig sein müssen, der bei der Pflege solcher ansteckender Kranken mitwirken will.

Ich möchte weiterhin unseren Gegenstand in der Weise gliedern, daß ich zunächst eine akute Infektionskrankheit, welche unserem Interesse am nächsten liegt, nämlich den Unterleibstyphus, herausgreife und an diesem Beispiel zu schildern versuche, welche Aufgaben bei schweren Erkrankungen der Pflege zufallen; sodann möchte ich unter demselben Gesichtspunkt eine meist chronisch verlaufende Infektionskrankheit, die Tuberkulose, behandeln, die schlimmste Seuche, welche das Menschengeschlecht heimsucht. Endlich wird es meine Aufgabe sein, auf die besonderen Erfordernisse, welche die Pflege der ansteckenden Kinderkrankheiten bietet, im einzelnen einzugehen.

Vorher sind aber noch einige allgemeine Gesichtspunkte, welche bei der Pflege ansteckender Kranker besonders in Betracht kommen, und diejenigen Eigenschaften zu erörten, welche eine Pflegerin besitzen muß, wenn sie sich auf diesem doppelt schwierigen Gebiet segensreich und erfolgreich betätigen will. Hieran schließt sich naturgemäß die Schilderung derjenigen allgemeinen Maßnahmen, welche geeignet sind, die Pflegerin selbst sowie die Angehörigen des Kranken vor Ansteckung zu schützen.

Die Patienten, mit denen wir es hier zu tun haben, sind meistens Schwerkranke. Oft handelt es sich um ganz rasch und stürmisch verlaufende Krankheiten, wo wenige Tage über Sein oder Nichtsein entscheiden. Die Höhe des Fiebers oder die Schwere der Ansteckung allein schon kann Bewußtlosigkeit, Delirien, große Unruhe bis zu tobsuchtartigen Anfällen bewirken. Bei den Kranken stellt sich nicht selten äußerste Schwäche und Erschöpfung ein, schwere Zufälle und Komplikationen können jeden Augenblick eintreten und das Krankheitsbild in gefahrdrohender und beängstigender Weise verändern. Die eigenen Angehörigen in begreiflicher Sorge und Bestürzung sind oft in kopfloser Vielgeschäftigkeit eine wenig zweckmäßige Umgebung für den Kranken. Ihren Höhepunkt pflegt die nervöse Unruhe der Angehörigen zu erreichen, wenn der Arzt da ist und den Kranken untersucht. Wenn er dessen Brustorgane behorcht und beklopft, braucht er vor allem Stille, um richtig und genau hören zu können. Trotzdem gibt es einzelne Personen, welche diesen Zeitpunkt für den geeignetsten halten, um den Arzt mit allerhand Fragen zu bestürmen, oder welche ihrer inneren Unruhe dadurch Luft machen, daß sie Eisstücke klopfen oder mit großem Geräusch den Ofen im Krankenzimmer schüren. Das ist ganz unzulässig. Hier muß die Krankenpflege alle ihre Künste und Finessen ins Feld führen, namentlich Ruhe und Besonnenheit sind stets zu bewahren und mit peinlichster Sorgfalt und Pünktlichkeit ist hinterher jede einzelne Maßregel und Vorschrift zu beobachten. Bei schweren und langdauernden Infektionskrankheiten kann häufig all' diesen Anforderungen nur in einem gut eingerichteten Krankenhaus genügt werden. Vieles, was in der Wohnung des Kranken schwierig und nur mit großen Umständen zu erreichen ist, das ist im Krankenhaus eine selbstverständliche

Einrichtung. Wenn wir also den Rat geben, solche Kranke möglichst in einem Hospital unterzubringen, so ist es nicht allein der Wunsch, die anderen Familienglieder vor Ansteckung zu bewahren, sondern es ist in erster Linie im Interesse des Kranken selbst. Er ist unter allen Umständen dort besser besorgt und verpflegt.

Glauben Sie nicht, daß die Pflege nur zur Annehmlichkeit und Erleichterung des Kranken dient. Sie bildet sehr oft den wichtigsten und wesentlichsten Teil der Behandlung. Ja, die ganze Behandlung besteht häufig in gar nichts anderem als in einer sachgemäßen Pflege. Arzneien sind nicht selten ganz überflüssig und nebensächlich, und der gebildete und verständige Teil des Publikums hat sich allmählich auch schon von der Anschauung frei gemacht, als ob ein notwendiges Zubehör an jedem Krankenbett eine oder mehrere Medizinflaschen seien.

Ist man nun in der Lage, einen solchen Kranken im Privathaus verpflegen zu müssen, so ist schon die Wahl, die Einrichtung und Ausstattung des Krankenzimmers von großer Wichtigkeit. Man wird den Kranken gewöhnlich zunächst in seinem Schlafzimmer, das er häufig mit anderen teilt, antreffen. Da ist alsbald Wandel zu schaffen, denn der Kranke muß sein Zimmer allein für sich haben. Entweder müssen die andern Mitbewohner das Feld räumen, oder der Kranke wird in einen andern Raum verbracht. Dazu eignet sich häufig ein Fremdenzimmer, auch ist es gar kein Unglück, wenn der sog. Salon oder die gute Stube als Krankenraum benutzt wird. Er eignet sich besonders auch dann dazu, wenn er, wie so häufig, das bestgelegene Gelaß der Wohnung in Bezug auf Luft und Licht ist. Denn das ist ein Haupterfordernis, daß diese beiden Lebenselemente möglichst freien Zutritt haben. Des weiteren braucht ein Schwerkranker Ruhe. Man kann also kein Zimmer für ihn brauchen, das als Durchgang in andere Räume dient, keines, in dem der Verkehr auf Treppe und Hausflur oder der Straßenlärm sich unangenehm bemerklich machen. Von großem Wert ist es, wenn man neben dem eigentlichen Krankenzimmer noch einen Neben- oder Vorraum zur Verfügung hat. Dahin kann sich die pflegende Person zeitweilig zurückziehen, wenn der Kranke ruht oder schläft. Durch die offene Verbindungstür kann sie ihn genügend beobachten und beaufsichtigen. In diesem Nebenraum sollen vor allem alle Zurüstungen für den Kranken vor sich gehen, wie z. B. die Vorbereitung von Bädern, Umschlägen und ähnlichen Prozeduren, auch das Wärmen oder Abkühlen und sonstige Zubereitung seiner Nahrung und Getränke, soweit das nicht in der Küche geschieht. Es vergeht einem Kranken das bißchen Eßlust, das er noch hat, vollends, wenn vorher vor seinen Augen mit Tellern und Tassen herumhantiert wird. Gute Dienste leistet ein solcher Vorraum auch zur indirekten Lufterneuerung, wenn im Krankenzimmer selbst aus irgend welchen Gründen das Öffnen eines Fensters untunlich ist. Den Kranken ist das Öffnen und Schließen einer Tür in ihrer unmittelbaren Nähe meist unangenehm, deshalb gehe man auch nicht direkt, sondern unter Benutzung des Nebenzimmers aus und ein. Aus dem zur Aufnahme des Kranken bestimmten Raum entferne man alle überflüssigen Einrichtungsgegenstände, namentlich solche von Stoff oder die mit Stoff bezogen sind. Sie halten Ansteckungskeime leicht fest und sind schwer zu desinfizieren. Dahin gehören namentlich Polstermöbel, Teppiche und Stoffvorhänge. Doch darf man darin auch nicht zu weit gehen, sonst wird der Raum kahl und unbehaglich. Die Blicke Schwerkranker irren und suchen viel an den Wänden und an der Decke umher. Man muß ihnen da in Gestalt von Bildern oder sonstigem Wandschmuck einige Ruhepunkte lassen. Es ist ein alter und schöner Brauch, von Zeit zu Zeit das Krankenzimmer mit einem frischen Blumenstrauß zu schmücken. Blumen sind dem Leidenden ein freundlicher Anblick, sie erinnern ihn daran, daß man draußen seiner gedenkt, und sie mögen ihm ein Wahrzeichen der verjüngenden und neu schaffenden Naturkräfte sein. Nur stark riechen dürfen die Blumen nicht, und wenn sie ihren Zweck erfüllt haben, überliefere man sie dem Feuer.

Wie die Geruchsnerven, sind auch die anderen Sinnesnerven des Kranken sehr empfindlich. Mehrere Personen gleichzeitig im Zimmer machen ihm ein bedrückendes und beängstigendes Gefühl. Lautes Sprechen und Unterhalten im Zimmer oder nebenan, Zuschlagen von Türen, lautes Hin- und Hergehen, knarrende Stiefel, Anstoßen an das Bett, Klappern mit Geschirr und sonstiges geräuschvolles Hantieren sind ihm peinlich. Ebenso verkehrt ist es indessen, nur im geheimnisvollen Flüsterton vor ihm zu sprechen. Er strengt sich dann an, das Gesprochene zu verstehen und argwöhnt, daß man etwas vor ihm verheimlichen will. Im Gespräch mit dem Kranken sei man stets ruhig und gemessen im Ausdruck, dabei freundlich, ohne in das Extrem einer übertriebenen Fröhlichkeit zu verfallen. Ab und zu ein kleiner aufmunternder Scherz, ein seinem geduldigen Ausharren gespendetes Lob können Mut und Hoffnung des Kranken neu beleben.

Wer mit dem Kranken spricht, der stelle oder setze sich so neben die Mitte oder das untere Ende des Bettes, daß er sein Gesicht dem des Kranken voll zuwendet. In jeder anderen Stellung zwingen wir ihn, den Kopf oder die Augen nach uns zu drehen, und das bedeutet für ihn eine unnötige Anstrengung. Besonders unangenehm empfinden es die Kranken, wenn jemand hinter dem Kopfende ihres Bettes steht oder sich auf den Rand ihres Lagers niedersetzt. Früher, wo man dem äußeren Auftreten des Arztes mehr Bedeutung beilegte als wohl jetzt, galt es für einen groben Fehler, mit lachendem Gesicht an das Lager eines Schwerkranken zu treten. Gewiß mit Recht, denn das erweckt in ihm die Empfindung, daß man seine Sache nicht ernst nimmt. Diese Regel hat aber noch mehr Geltung für die Pflegerin. Ebenso wenig darf der Kranke Angst und Sorge unmittelbar aus den Mienen seiner Umgebung lesen. Man bedenke, daß die meisten Kranken sich scheuen, direkt zu fragen, wie es um sie steht. Was sie zu fürchten und zu hoffen haben, das suchen sie von den Gesichtern ihrer Umgebung abzulesen.

Daß in einem Krankenzimmer möglichst eine gleichmäßige Temperatur von 13 bis 14° R herrschen soll, bedarf kaum der Erwähnung. Das ist im Winter meist leichter herzustellen als im Sommer. Große Sommerhitze ist namentlich für einen Fieberkranken eine wahre Pein. Man sucht ihr durch öfteres feuchtes Aufwischen des Fußbodens, durch Aufstellen von Gefäßen mit kaltem oder Eiswasser und namentlich durch rechtzeitiges Schließen der Läden neben ausgiebiger Lufterneuerung zu begegnen.

Wegen der Empfindlichkeit der Augen soll das Bett niemals so stehen, daß der Kranke in ein helles Fenster sieht. Das einfallende Licht soll ihn vom Rücken oder von der Seite treffen. Stets ist es von Vorteil, wenn man von beiden Seiten an das Krankenbett herantreten kann. Das erleichtert alle nötigen Verrichtungen und Handreichungen ganz außerordentlich. Deshalb stellt man das Bett nicht mit einer Längs-, sondern mit einer

Schmalseite an die Wand oder ganz frei ins Zimmer. Das Umbetten und Frischlagern wird sehr wesentlich erleichtert, wenn man zum Abwechseln zwei Betten zur Verfügung hat.

Ich weiß sehr wohl, daß häufig verschiedenes von dem, was eben über die Wahl und Einrichtung des Krankenzimmers ausgeführt wurde, in den Bereich der Unmöglichkeit gehören wird. In beschränkten und ärmlichen Verhältnissen muß man seine Wünsche naturgemäß sehr herunterschrauben und mit der Abstellung der allerärgsten Unzuträglichkeiten für den Kranken und seine Umgebung zufrieden sein. Aber wenn wir die Forderungen, die der Arzt an eine geeignete Krankenpflege stellen muß, ohne Einschränkung aufzählen, so wird dadurch der Ärmste wie der Reichste in die Lage versetzt, nach seinem Können die Pflege seiner Kranken diesen Forderungen anzupassen.

Die Pflege ansteckender Kranker stellt unstreitig an alle, die sie ausüben, ganz besonders hohe Anforderungen, da sie ein nicht geringes Maß körperlicher Zähigkeit und Ausdauer erfordert. Dazu machen das stete Aufmerken und Bereitsein, das Achten auf eine Menge scheinbarer Kleinigkeiten an die Sinnesorgane und die Geisteskräfte sehr große Ansprüche. Wenn diese Tätigkeit am Krankenbett wirklich fruchtbar und für den, der sich ihr hingibt, innerlich lohnend sein soll, so muß sie auf einem ethischen Boden gewachsen sein. Unter dieser ethischen Grundlage möchte ich verstehen wahre und echte Menschenliebe, d. h. den ernsten Wunsch, seinen Mitmenschen zu nützen und zu helfen unter Hintansetzung und Aufopferung der eigenen Persönlichkeit. Unter Aufopferung sage ich, denn wer ansteckende Kranke pflegen will, der muß bereit sein, die eigene Gesundheit und das eigene Leben in die Schanze zu schlagen. Ich brauche nicht daran zu erinnern, daß manch eine Berufspflegerin und manch eine pflegende Mutter schon ihrer Pflichttreue zum Opfer gefallen ist.

Eine unerläßliche Ergänzung der Opferwilligkeit ist die Furchtlosigkeit. Sie ist die notwendige Vorbedingung für Ruhe und Kaltblütigkeit, ohne die man mit der Pflege Schwerkranker sich nicht befassen kann. Wer sich vor Ansteckung fürchtet, der bleibe dem Krankenzimmer fern. Furchtlos muß die Pflegerin auch deshalb schon sein, weil sie damit in gewissem Sinn einen Talisman besitzt. Es ist eine alte Erfahrung, daß die mit der Furchtlosigkeit verbundene Gemütsruhe die Empfänglichkeit für eine Krankheitsübertragung mindert, während innere Unruhe und erregtes Wesen sie steigert. Furchtlos zu sein, ist auch dem Kranken zulieb notwendig. Was kann für ihn peinlicher sein als die Empfindung, daß man nur in ängstlicher Scheu mit ihm verkehrt? Er muß sich dann ja wie ein Ausgestoßener vorkommen. Gewiß soll man mit Kranken zart und rücksichtsvoll umgehen und namentlich schmerzhafte Körperteile behutsam anfassen, aber die Kranken mögen nichts weniger leiden, als wenn man sie nur so von weitem mit den Fingerspitzen antippt, als scheue man sich vor der Berührung. Ein ruhiges und sicheres Anfassen ist ihnen weit angenehmer. Sie haben es darin wie die kleinen Kinder, die sich viel lieber von solchen Personen tragen und auf den Arm nehmen lassen, die dies fest und sicher tun, als von denen, die dabei ängstlich und zaghaft sind.

Das Wort Furchtlosigkeit muß indessen richtig verstanden werden. Natürlich darf der tapfere Soldat sich nicht in den Graben ducken, wenn die Kugeln pfeifen, anderseits aber darf man hier mit Falstaff sagen, daß die Vorsicht die bessere Hälfte der Tapferkeit sei. Furchtlos sein heißt nicht leichtsinnig sein und die gebotenen Vorsichtsmaßregeln außer acht lassen, soweit diese ohne Nachteil für den Kranken ausführbar sind. Die erste und wichtigste allgemeine Vorsichtsmaßregel ist peinlichste Reinlichkeit. Dazu gehört nicht allein gründliches Reinigen und Waschen von Gesicht und Händen, sondern auch alle paar Tage einmal ein Vollbad während einer Pflege und ganz besonders nach Abschluß einer solchen. Vor allem notwendig ist die Reinigung und Pflege der Mundhöhle durch häufiges Gurgeln, Mundspülen und Zähneputzen, ebenso vergesse man eine sorgfältige Haarpflege nicht. Aus diesem Grund passen künstliche Lockengebäude nicht ins Krankenzimmer; je einfacher und glatter, um so besser. In die nächste Berührung mit dem Kranken kommen naturgemäß die Hände. Sie müssen daher nach jeder Verrichtung am Kranken, wie Umbetten, Frischlegen, Wechseln der Wäsche, Reichen der Bettschüssel und ähnlichem, gründlich mit Wasser und Seife unter Anwendung einer Handbürste gesäubert werden. Wenn das gründlich und nicht nur so obenhin geschieht, ist die Anwendung besonderer desinfizierender Flüssigkeiten, wie Karbolwasser, Sublimatlösung, Lysollösung und dergl., im allgemeinen nicht notwendig. Diese scharfen Flüssigkeiten haben auch den Nachteil, daß sie bei häufiger Anwendung die Haut leicht wund und rissig machen und dadurch Eingangspforten für direkte Blutinfektionen schaffen. Die Fingernägel müssen stets kurz gehalten sein, denn mit langen Nägeln kann man den Kranken beim Anfassen wehtun, außerdem bildet der Raum unter dem überstehenden Nagel einen Schlupfwinkel nicht nur für Schmutzteilchen, sondern auch für Ansteckungskeime.

Die Kleidung der pflegenden Personen sei so einfach und glatt als irgend möglich, dabei nicht eng und knapp, denn im Krankenzimmer muß man sich ordentlich drehen, wenden und bücken können. Die Kleidung ist am besten aus waschbarem

Stoff und soll häufig gewechselt werden, ebenso die Unterkleidung. Bei ansteckenden Kranken empfiehlt sich für die Pflegerin eine lange Ärmelschürze, die vom Hals bis zu den Füßen reicht und auch auf dem Rücken zusammenschließt, ähnlich den Operationsmänteln der Ärzte. Beim Verlassen des Krankenzimmers bezw. des Nebenraumes wird diese Schürze abgelegt, beim Betreten wieder angezogen. Ihre eigenen Mahlzeiten soll die Pflegerin niemals im Krankenzimmer einnehmen, nicht einmal ein Stückchen Brot oder eine Schale Kaffee dort zum Munde führen. Sie muß ihr eigenes Besteck und Eßgeschirr haben, jedenfalls niemals das des Kranken benutzen. Es ist streng darauf zu halten, daß die Eßgeschirre des Kranken auch nicht von anderen benutzt werden, daß sie sogar getrennt von dem übrigen Geschirr gereinigt und aufbewahrt werden.

Neben der Furchtlosigkeit und der Reinlichkeit muß ich noch eine dritte Eigenschaft nennen, welche die Empfänglichkeit für Ansteckung mindert, nämlich die Mäßigkeit. Man wird es vielleicht halb als eine Beleidigung ansehen, daß ich ausdrücklich auf die Mäßigkeit, wobei man ja in erster Linie an das Maßhalten im Genuß alkoholischer Getränke denkt, hinweise. Es hat sich jedoch nicht so ganz selten der traurige Fall ereignet, daß sowohl pflegende Angehörige als Wärterinnen von Beruf in dem Drang, augenblickliche Ermüdung und Erschöpfung zu bekämpfen, berauschende Getränke im Übermaß zu sich nahmen und durch öftere Wiederholung dieses Fehlers schließlich dienstunfähig wurden. Die erfrischende Wirkung des Alkohols ist eine rasch vorübergehende, und es folgt ihr eine um so größere Erschlaffung. Er wird also während der Ausübung der Krankenpflege am besten ganz gemieden. Gegen leichten Tee oder Kaffee zur Auffrischung, oder um sich bei Nachtwachen munter zu erhalten, ist wohl nichts einzuwenden. Doch dürfen auch diese Getränke nicht zu häufig genossen werden, wenn nicht eine Nervenerschlaffung die Folge sein soll; sie dürfen ferner nicht zu stark sein, und vor allem dürfen sie niemals die richtigen Mahlzeiten ersetzen.

Überhaupt möchte ich das Wort „Mäßigkeit" noch in einem weiteren Sinn verstanden wissen. Ich möchte dahin auch die möglichste Regelmäßigkeit im Genuß von Speise und Trank rechnen. Ich sage ausdrücklich die möglichste Regelmäßigkeit, denn daß es bei Schwerkranken häufig schwierig ist, für sich selbst die nötige Zeit und Ruhe zum Essen zu gewinnen, das weiß niemand besser als der Arzt, der ebenfalls nicht selten bei seinen Mahlzeiten gestört wird. Soll aber die Nahrung wirklich Kraft geben und anschlagen, so darf man sie nicht nur so nebenbei genießen, sondern man muß sich genügend Zeit dazu nehmen und nur im äußersten Notfall eine Störung oder Unterbrechung gestatten. Die Nahrung einer Pflegerin sei reichlich, kräftig und leicht verdaulich, unter Ausschluß schwerer Speisen, damit nicht Störungen der Magen- und Darmtätigkeit sich einstellen. Derartige Leiden ebenso wie ungenügende und ungeregelte Nahrungszufuhr setzen die Widerstandskraft gegen krankmachende Einflüsse unzweifelhaft herab.

Noch auf einem andern Gebiet tut weises Maßhalten not, nämlich auf dem der Arbeit selbst. Man wird mich nicht dahin mißverstehen, als wollte ich der Bequemlichkeit und einer zu weit gehenden Schonung der eigenen Person im Pflegeamt das Wort reden. Ich möchte nur betonen, daß die Pflegerin ihren Pflegebefohlenen sowohl als sich selbst einen schlechten Dienst erweist, wenn sie ihre Kräfte aufreibt. Es ist eine eigene Kunst, die auch gelernt sein will, es rechtzeitig zu merken, wann die körperlichen und geistigen Spannkräfte beginnen nachzulassen und eine Ruhepause eintreten muß. Doch gibt es hierfür einige Mindestforderungen, an denen unbedingt festgehalten werden soll. Erstens, wie hervorgehoben, muß der Pflegerin genügend Zeit und Ruhe gewährt werden, um ihre Mahlzeiten einzunehmen; zweitens muß sie bei anstrengender Pflege täglich die Möglichkeit haben, an die Luft zu gehen; drittens muß sie nach jeder Nachtwache am folgenden Tag für einige Stunden sich niederlegen und ruhen; endlich dürfen höchstens zwei Nachtwachen aufeinander folgen und mindestens jede dritte Nacht muß völliger Ruhe gewidmet sein. Diese Mindestforderungen gelten namentlich bei der Pflege von ansteckenden Kranken, weil erfahrungsgemäß nichts der Ansteckung so Tür und Tor öffnet als körperliche und geistige Erschöpfung. Es ergibt sich aus dem Angeführten von selbst, daß deshalb bei Schwerkranken, die man nicht auch nur für kurze Zeit sich selbst überlassen darf, für Ablösung gesorgt sein muß. In solchen schweren Fällen wird sich die Sache meist so gestalten müssen, daß zwei pflegende Personen in regelmäßigem Wechsel insbesondere im Nachtdienst einander ablösen.

Zweiter Vortrag.

Typhus und Tuberkulose.

Ich komme jetzt dazu, Ihnen an dem speziellen Beispiel einer schweren akuten Infektionskrankheit, des Unterleibstyphus, zu zeigen, was Zweck und Ziel der Pflege bei einer solchen Krankheit ist. Zuvor noch einige Worte zur Charakteristik der Typhuskrankheit. Dieselbe beginnt allmählich mit allgemeinem Unwohlsein und von Tag zu Tag ansteigendem Fieber. Die ersten Tage gehen die Kranken häufig noch umher, bald aber zwingt sie die zunehmende Schwäche und Hinfälligkeit, sich zu legen. Es gibt wohl einzelne Fälle mit niedrigem Fieber und mit kurz dauerndem, milden Verlauf. Doch ist auch hier wegen möglicher Verschlechterungen die größte Achtsamkeit notwendig. Im großen und ganzen bietet ein Typhuskranker das Bild eines Schwerkranken dar. Häufig liegt er lange im Halbschlummer und nur einzelne leicht zuckende Bewegungen im Gesicht und an den Extremitäten neben der raschen, von stöhnenden Lauten unterbrochenen Atmung lassen die Schwere des Krankseins erkennen. Andere werfen sich fortwährend unruhig auf ihrem Lager hin und her, gestikulieren, sprechen irr, wollen aus dem Bett und aus dem Zimmer hinaus, sogar aus dem Fenster springen und dergleichen. Zu diesen unruhigen Kranken gehören namentlich an reichlichen Alkoholgenuß gewöhnte Männer.

Daß hier an die Ruhe, Besonnenheit und körperliche Ausdauer des Pflegepersonals die allerhöchsten Anforderungen gestellt werden, bedarf wohl keiner Begründung. Solche Kranke darf man keinen Augenblick aus den Augen verlieren, es gilt immer wieder, ihnen zuzureden, sie zu beruhigen und vor Beschädigung zu bewahren. Beim ausgebildeten Typhus verharrt das Fieber verschieden lange Zeit — eine bis eine Reihe von Wochen — ziemlich auf gleicher Höhe, um dann, wenn keine Komplikationen auftraten, langsam staffelförmig wieder abzufallen, so wie es angestiegen ist.

Wie oben erwähnt, kommt der Typhus dadurch zustande, daß Typhusbazillen mit der Nahrung, meist wohl mit dem Trinkwasser, in die Verdauungsorgane einwandern. Hier setzen sie sich fest und zwar gewöhnlich nur in einem bestimmten Abschnitt des Dünn- und Dickdarmes. Daher führt der Typhus die Bezeichnung Unterleibs- oder Darmtyphus, mit dem lateinischen Wort „Abdominaltyphus". Früher wurde auch, besonders von Laien, die Bezeichnung „Nervenfieber" gebraucht. Sie stammt daher, daß die Erscheinungen von seiten des Nervensystems, wie Bewußtlosigkeit, Delirien u. dergl., das Krankheitsbild vorzugsweise beherrschen. Durch die zerstörende Einwirkung der Bazillen im Darm entstehen nun Geschwüre in der Darmschleimhaut, und die Unterleibsdrüsen, vor allem die Milz, schwellen an. Letzteres sind wir gewohnt, als ein Zeichen der Allgemeininfektion des ganzen Körpers aufzufassen. Es wäre nämlich falsch, anzunehmen, der Typhus sei lediglich eine Darmkrankheit, weil er hier gerade sinnfällige Veränderungen setzt. Das von den Bakterien produzierte Krankheitsgift geht vielmehr in das Blut über und mit demselben in alle Körpersäfte und alle Körperorgane. Ein weiterer Beweis dafür kann darin gesehen werden, daß auf der Haut häufig kleine rote Fleckchen die sog. Roseolaflecke, sichtbar werden. Diese grundsätzliche, Auffassung gilt nicht allein für den Typhus, sondern auch für alle anderen Infektionskrankheiten, von denen wir später noch zu sprechen haben werden, und bei denen gleichfalls die Krankheit nur an der einen oder anderen Körperstelle sichtbare Erscheinungen macht.

So lange der Typhus sich auf der Höhe befindet, bestehen meistens, aber nicht immer, Diarrhöen, welche sich ja aus den Darmveränderungen genügend erklären, während dagegen in den ersten Tagen fast immer Verstopfung vorhanden ist. Die dünnen Ausleerungen der Typhuskranken sind von eigentümlicher grünlichgelber Farbe. Man pflegt sie treffend nach Farbe und Konsistenz mit Erbsensuppe zu vergleichen. Diese wenig anmutigen Dinge müssen deshalb hier eingehend erörtert werden, weil die richtige Behandlung dieser Ausleerungen, der sog. Typhusstühle, eine der wichtigsten Aufgaben des Pflegepersonals ist. Die Pflegerin darf sich auch der Pflicht nicht entschlagen, die Ausleerung jedesmal zu besichtigen, um es dem Arzt zu melden, wenn etwa ungewöhnliche Bestandteile, namentlich Blut, darin bemerkt werden.

Was ich Ihnen nun weiterhin über die Aufgaben der Pflege bei einem Typhuskranken anführen möchte, das gilt ebenso, von einigen Besonderheiten etwa abgesehen, für jeden schwer fieberhaften Krankheitsfall. Da ist nun zunächst alles einzurichten und zu beachten, was früher über das Krankenzimmer, seine Reinigung, Lüftung, Heizung und Beleuchtung allgemein angeführt wurde. Solche hochfiebernden, häufig benommenen und phantasierenden Kranken bedürfen vor allem größtmöglichster Ruhe, und für sie müssen Arzt und pflegende Person gleichmäßig sorgen. Vieles unruhiges Hin- und Herlaufen, Hineinreden auf den Kranken, fortwährendes Fragen, wie er sich befindet, das Auskramen, was die Tante X. und die Tante Z. zu dem Fall meinen und raten, all diese und ähnliche Dinge sind für den Schwererkrankten eine Pein, sie sind für ihn schädlich, denn sie machen ihn unruhig und erregt. Ein abschreckendes Beispiel unzweckmäßiger Vielgeschäftigkeit ist mir immer jene Mutter, die ihren Sohn aus dem langersehnten Schlaf aufweckte, um ihn zu fragen, ob er noch Schmerzen habe. Alle Personen, denen ihr Temperament nun einmal nicht erlaubt, sich im Krankenzimmer ruhig und angemessen zu bewegen, deren jedesmaliges Kommen schon den Kranken aufregt, die werden am besten ganz ferngehalten.

Sehr wichtig ist, daß Typhus- und ähnliche Kranke an ihrem Körper peinlich rein gehalten werden. Morgens und abends müssen also Gesicht, Hals und Hände gewaschen werden. Für die Reinigung des übrigen Körpers sorgen die beim Typhus meist zur Anwendung kommenden Bäder. Wird von solchen aus irgend einem Grunde Abstand genommen, so muß sich die Abwaschung auch auf Rumpf und Glieder erstrecken. Besonderer Berücksichtigung bedürfen die Teile, welche beim Liegen andauernd gedrückt werden, also Rücken, Kreuz und Gesäß. Man pflegt hier, um die Haut zu stärken und Aufliegen vorzubeugen, noch besondere Waschungen mit verdünntem Essig oder Alkohol anzuwenden. Im Zustand der Bewußtlosigkeit lassen die Kranken oft Stuhl und Urin unter sich gehen. Die dabei beschmutzten Teile bedürfen dann jedesmal der gründlichsten Reinigung. Das ist nicht so leicht auszuführen. Ist die Pflegerin allein, so wird sie den Kranken hierzu am besten auf die Seite legen. Hat sie noch jemand zur Hilfe, so kann man den

Kranken auch aufheben und, während er schwebend gehalten wird, die Reinigung vornehmen. Dieses Aufheben eines Kranken, das ja auch beim Umbetten in Betracht kommt, ist eine Kunst, die gelernt sein will, da es weniger besondere Kraft als den richtigen Griff erfordert. Es geschieht am besten durch eine Person in der Weise, daß man den einen Arm unter den Oberschenkeln, den andern Arm unter dem Rücken des Kranken durchführt und sich dann von diesem fest um den Hals fassen läßt, falls er dazu imstande ist. Indem man sich darauf langsam aufrichtet, lädt man sich das Gewicht des Kranken auf die Brust und auf die Schultern, da die Arme allein nicht imstande sind, einen erwachsenen Menschen zu tragen.

Zu der allgemeinen Reinigung gehört auch die Besorgung der Haare. Namentlich bei weiblichen Kranken können sich die langen Haare durch andauerndes Liegen auf denselben derart verfilzen, daß sie nur mit der größten Mühe und unter Schmerzen für die Trägerin später zu entwirren sind. Die Haare müssen also täglich durchgekämmt und geordnet werden. Oder um der Kranken diese tägliche, recht ermüdende Prozedur zu sparen, schneidet man die Haare, wenn ein längeres Krankenlager in Aussicht steht, gleich kurz ab. Dies kann um so unbedenklicher geschehen, weil in der Rekonvaleszenz vom Typhus die Haare stark auszufallen pflegen, nachher aber wieder, und zwar meistens stärker, nachwachsen. Besonders wichtig ist bei solchen Kranken auch die Mundpflege. Nahrungsreste, Schleim und Speichel setzen sich auf den Zähnen und in den Buchten der Mundhöhle fest und können dort in Fäulnis übergehen. Auf diesem Boden wachsen dann gern ganze Rasen des Soorpilzes und bilden hier den weißen Soorbelag oder die Schwämmchen, wie man es auch nennt. Patienten, die hierzu kräftig genug sind, sollen deshalb regelmäßig die Zähne putzen, den Mund spülen und gurgeln. Können sie dies wegen großer Schwäche oder Benommenheit nicht ausführen, so wickelt sich die Wärterin ein Stückchen Verbandgaze um den Finger und wischt damit den Mund aus. Dabei ist darauf zu achten, daß die Vorder- und Rückseite der Zähne und die Buchten zwischen Wangen und Kiefern genügend berücksichtigt werden. Will man den Finger nicht benutzen, so wickelt man Gaze oder Verbandwatte um die Branchen einer langen Pinzette oder einer sog. Kornzange. Zum Befeuchten der Gaze oder Watte dient einfach Wasser oder eine desinfizierende Flüssigkeit, wie etwa eine Lösung von Borsäure oder übermangansaurem Kali.

Wenn die Pflegerin der Lagerung ihres Patienten andauernde Aufmerksamkeit schenkt, so erweist sie ihm damit eine große Wohltat. Das Leintuch oder die Unterlage, der sog. Durchzug, müssen stets glatt erhalten werden. Falten, auf denen der Kranke liegt, machen ihm Schmerzen und begünstigen namentlich bei Bewußtlosen das gefürchtete Durchliegen. Wie man durch Abwaschungen der gefährdeten Partien dem Wundliegen vorbeugt, wurde schon früher erwähnt. Sind die Kranken hierzu imstande, so ist es weiter zweckmäßig, sie statt auf dem Rücken abwechselnd auf der einen und anderen Seite liegen zu lassen. Außerdem sind als Hilfsmittel dagegen die Luftringe und Wasserkissen dienlich. Zu dem gleichen Zwecke soll auch das Umbetten täglich mindestens einmal geschehen. Hat man zwei Betten zum Wechseln, so bedeutet das eine sehr wesentliche Erleichterung und vermindert die Belästigung für den Kranken. Schwache Kranke pflegen in ihrem Bett zusammenzusinken und haben stets die Neigung, nach unten zu rutschen, besonders, wenn der Oberkörper wegen Atembeschwerden oder aus sonstigen

Gründen hoch gelegt worden ist. Dann muß man sie von Zeit zu Zeit wieder im Bett hinaufrücken. Das kann man nicht durch bloßes Unterfassen unter den Armen, wie es häufig versucht wird, bewerkstelligen; dadurch würde man sie nur zweck los herumzerren. Vielmehr muß man dazu den Kranken richtig mit beiden Armen unterfassen, so wie es oben beschrieben wurde, und dann frei nach oben heben. Es gibt noch andere notwendige Handgriffe, durch deren richtige Ausführung man dem Kranken Belästigung erspart, wie beim Unterschieben einer frischen Unterlage oder beim Aus- und Anziehen des Hemdes. Das sind aber Dinge, die man mit Worten nicht gut beschreiben kann und die man in einem praktischen Kursus erlernt oder einmal bei Gelegenheit einer geübten Wärterin abgesehen hat. Solchen Kranken, die sich noch selbst etwas helfen können, erleichtert man alle diese Manipulationen sehr wesentlich und erspart dadurch viel eigene Kraft, wenn man ihnen einen sog. Krankenheber einrichtet, an dem sie sich selbst halten und in die Höhe richten können. Hierzu dient ein von der Zimmerdecke herabhängender Strick, unten mit einem Ring oder Querholz, für die Hände bequem erreichbar, versehen. Eine Schattenseite dieser Einrichtung ist aber, daß dann das Bett stets an derselben Stelle stehen muß. Auch ist es dem Kranken häufig unangenehm, wenn immer so etwas vor ihm in der Luft herumbaumelt. Man kann daher zu dem gleichen Zweck um die unteren Bettpfosten einen Strick schlingen, der nach der Mitte des Bettes zusammenläuft und hier mit Ring oder Querholz ausgestattet ist.

Naturgemäß ist es eine der wichtigsten Aufgaben der Pflegerin, dafür zu sorgen, daß ihr Pflegling seine Nahrung zur geeigneten Zeit und in richtiger Beschaffenheit erhält. Was man unter Krankenkost versteht und wie dieselbe beschaffen sein soll, das kann hier im einzelnen nicht ausgeführt werden. Für unseren besonderen Fall bleibt nur hervorzuheben, daß die Kost eines Typhuskranken eine ausschließlich flüssige sein muß. Das beste und kräftigste flüssige Nahrungsmittel bleibt immer die Milch, wenn nicht die Ärzte Schleimsuppen u. s. w. bestimmen. Typhuskranke wie überhaupt Fieberkranke sind meist von Durst gequält. Es wäre deshalb eine Grausamkeit, ihnen durststillende Getränke vorenthalten zu wollen. Wenn es gut und schmackhaft ist, ist der beste Durststiller das gewöhnliche Wasser, rein oder mit Zitronensaft bezw. Fruchtsäften versetzt; sonst die verschiedenen sogen. Mineralwässer. Ob und inwieweit alkoholische Getränke oder stärkere Spirituosen, Kognak und dergleichen zu reichen sind, das richtet sich im Einzelfall nach der ärztlichen Verordnung. Bezüglich der auf einmal zu gewährenden Flüssigkeitsmenge sei daran erinnert, daß wenige langsam genommene Schlucke den Durst ebenso gut, wenn nicht besser, löschen als ein auf einen Zug hastig ausgetrunkenes Glas voll. Dieselbe Regel gilt für die Nahrung: wenig auf einmal, dafür in kürzeren Zwischenräumen. Eine weitere Regel ist, man soll dem Kranken nie mehr vorsetzen, als er voraussichtlich bewältigen kann. Große, gefüllte Schüsseln auf einmal gereicht, schrecken ihn ab und verderben ihm seinen ohnehin sehr geringen Appetit. Auch soll man aus demselben Grund nicht lange fragen, ob er etwas und was er möchte. Wenn die Zeit da ist, wird es einfach gebracht, seine etwaige Abneigung durch ruhigen Zuspruch überwunden. Besondere Geduld und Vorsicht ist bei sehr schwachen und bei bewußtlosen Kranken geboten. Man muß ihnen die Nahrung langsam und behutsam mit dem Löffel oder mit den hierzu praktischen

Schnabeltassen einflößen, damit die Nahrung nicht einen falschen Weg in die Luftröhre nimmt, wodurch Husten und Erstickungsanfälle, bisweilen auch Lungenentzündung hervorgerufen werden.

Beim Typhus darf auch eine gewisse, vom Arzt näher zu fixierende Zeit lang in der fieberfreien Rekonvaleszenz nur flüssige Kost gegeben werden. Meistens erwacht in dieser Zeit ein gewaltiger Hunger, die Kranken verlangen dringend nach fester Nahrung und suchen sich solche gelegentlich selbst mit List und auf Umwegen zu verschaffen. Da heißt es also aufpassen, damit kein Rückfall eintritt. Auch sonst kommen beim Typhus nicht selten Rückfälle, sogenannte Rezidive, vor, nachdem schon mehrere fieberfreie Tage da waren, und man den Kranken in sicherer Rekonvaleszenz glaubte. Die Krankheit beginnt dann sozusagen von neuem und beschwört damit alle beim ersten Anfall glücklich überstandenen Gefahren nochmals herauf. Also darf man sich nicht zu früh in Sicherheit wiegen. Man muß tief in die Rekonvaleszenz hinein den Kranken sorgfältig beobachten und namentlich regelmäßige Temperaturmessungen vornehmen.

Ein sehr wichtiger Punkt ist die Behandlung der Ausleerungen und der Leibwäsche bei Typhuskranken. Wie mehrfach erwähnt, sind die Stühle und naturgemäß auch die beschmutzte Leib- und Bettwäsche die Träger des Ansteckungsstoffes. Hat man doch häufig beobachtet, daß Wäscherinnen, die Wäschestücke von Typhuskranken zu besorgen hatten, an Typhus erkrankt sind. Hier müssen deshalb die keimtötenden Mittel, wie Karbolsäure, Lysol oder Sublimat, in ausgiebige Wirksamkeit treten. Man halte sich eine dieser Lösungen stets in größerer Menge, also jedenfalls einige Liter, vorrätig. Hat der Kranke die Bettschüssel benutzt, so ist der Inhalt reichlich mit solcher Lösung zu übergießen und zu vermengen. Erst wenn diese Mischung einige Zeit gestanden hat, darf sie in den Abort oder besser noch direkt in die Grube gegossen werden. Die Bettschüssel wird darauf mit der Lösung gründlich ausgespült, desgleichen von Zeit zu Zeit eine größere Menge derselben die Fallröhre des Abortes hinuntergegossen. Für die Wäsche hält man sich im Nebenzimmer einen Kübel mit desinfizierender Flüssigkeit gefüllt zur Hand. Alle Wäsche, die man dem Kranken abnimmt, sei sie sichtbar beschmutzt oder nicht, wird darin für 24 Stunden eingeweicht. Erst dann soll sie, getrennt von der übrigen Haushaltungswäsche, in heißer Seifenbrühe ausgewaschen werden.

Bei dieser Gelegenheit sei an die persönlichen Schutzmaßregeln für die Pflegerin eindringlichst erinnert: Gründliches Händewaschen nach jeder Verrichtung an dem Kranken, namentlich bei Besorgung der Ausleerungen. Sind bei einer Hilfeleistung ihre Schürze oder das Kleid beschmutzt worden, so müssen sie gleichfalls sofort in den Kübel mit der desinfizierenden Flüssigkeit wandern. Man beruhige sich nicht dabei, daß man Typhus schon einmal überstanden hat. Das gewährt keinen Schutz; denn vom Typhus kann man auch mehrmals befallen werden.

Bei solchen Krankheiten, wie es der Typhus ist, ist die pflegende Person in ausgedehntem Maße auch die Helferin und Assistentin des Arztes. Da dieser den Kranken immer nur für verhältnismäßig kurze Zeit sehen und beobachten kann, so ist er über alles, was in der Zwischenzeit sich ereignet, auf den Bericht der Wärterin angewiesen. Dieser Bericht wird am besten beim Kommen des Arztes im Nebenzimmer, namentlich wenn es sich um ungünstige Veränderungen handelt, abgestattet. Der Bericht sei kurz und sachlich, der Arzt will keine Meinungen und

Ansichten wissen, sondern nur Tatsachen, und es ist seine Sache, diese zu beurteilen und zu verwerten. Vor allem sollen zu diesem Zwecke für den Arzt die Körpertemperatur, der Puls und unter Umständen auch die Atmung genau bestimmt und aufgezeichnet sein. Beim Puls handelt es sich nicht nur um die Zahl der Pulsschläge, sondern ebensowohl um ihre Kraft und sonstige Beschaffenheit. Das richtig zu beurteilen, ist nicht ganz leicht und kann allein durch Übung erlernt werden. Ferner muß sich der Arzt aus dem Bericht auch sofort über Schlaf, Appetit, etwaige Benommenheit und sonstige Vorkommnisse seit seinem letzten Besuch genau unterrichten können.

Im Verlauf eines Typhus kommen nicht selten Komplikationen vor, auf deren Eintreten die Pflegerin achten muß. Zu nennen sind hier u. a. bedrohliche Schwächezufälle, sog. Kollapse. Daran kann einfache Herzschwäche schuld sein oder auch eine Darmblutung, wenn eines der Darmgeschwüre ein Blutgefäß zufällig angefressen hat. Desgleichen kann ein solches Geschwür in die Bauchhöhle durchbrechen, was eine gefährliche Bauchfellentzündung zur Folge hat. Wenn ein Kranker plötzlich heftige Leibschmerzen bekommt und sein Allgemeinbefinden sich auffallend verschlechtert, wird man hieran zu denken haben. An eine Komplikation auf der Lunge oder am Brustfell muß man denken, wenn die Atemzüge des Kranken rasch und kurz werden, wenn sie infolge von Schmerzen unter Stöhnen und Ächzen geschehen. Endlich sei erwähnt, daß die Pflegerin oder die Pflegerinnen, denn hier werden wohl meistens zwei Paar Arme angreifen müssen, die beim Typhus etwa verordneten kühlen Bäder zu besorgen haben, daß bei denselben Temperatur und Dauer pünktlich nach Verordnung zu beobachten ist, daß der Kranke ruhig und schonend in das Bad und aus diesem herausgehoben werden muß, daß er nachher im gut vorgewärmten Bett mit gewärmten Tüchern rasch trockengerieben werde, womit das Wesentlichste, was bei der Pflege eines Typhuskranken zu beachten ist, erschöpft sein dürfte. Sie sehen: Sehr viel Mühe und Arbeit neben großer Verantwortung, wenn es gelingen soll, den Kranken glücklich der Genesung zuzuführen, und wenn bei einem schlimmen Ausgang das lohnende Gefühl einer treu und gewissenhaft erfüllten Pflicht bleiben soll.

Ich möchte nun dazu übergehen, an dem Beispiel einer meist chronisch verlaufenden Infektionskrankheit, nämlich der Tuberkulose, zu besprechen, welche besonderen Aufgaben der Pflege in solchen chronischen Krankheiten zufallen. Ich wähle gerade die Tuberkulose, weil sie die verbreitetste und mörderischste und darum wichtigste Krankheit überhaupt, weil sie eine Volksseuche in des Wortes vollster Bedeutung darstellt.

Das erste Heft dieser Veröffentlichungen handelt „Über die Verhütung der Tuberkulose" und schildert in eingehender Weise die enorme Verbreitung derselben und ihre Bedeutung für das allgemeine Volkswohl. Es findet sich hier alles Wissenswerte über das Wesen der Tuberkulose, über ihre Übertragung und Verhütung nach dem derzeitigen Stand der wissenschaftlichen Forschung, so daß ein nochmaliges Eingehen auf diese Dinge wohl unterbleiben kann. Dringend ist zu empfehlen, daß jedermann mit diesen Verhältnissen sich bekannt macht. Dies gilt namentlich für alle Personen, welche in der Lage sind, eigene, an Tuberkulose erkrankte Angehörige pflegen zu müssen, insbesondere aber auch für die Berufskrankenpflegerinnen.

Es ist allgemein bekannt, daß man in jüngster Zeit begonnen hat, den Riesenkampf gegen die Tuberkulose energisch und zielbewußt aufzunehmen. Von diesen Bestrebungen darf auch Erfolg erwartet werden in dem Sinne, daß die Verheerungen durch die Tuberkulose wenigstens eingedämmt werden können, aber wohl nur dann, wenn alle verfügbaren Kräfte sich vereinigen, um von allen Seiten und auf der ganzen Linie gleichzeitig vorzugehen. Da ist es nun gerade die Krankenpflege, welche hier im Vordertreffen stehen muß. Ihr fällt im Kampf gegen die Weiterverbreitung der Tuberkulose eine ganz besonders wichtige Rolle zu, und das ist ein weiterer Grund, warum ich diese Krankheit zur Besprechung gewählt habe.

In allen jenen Fällen, in welchen die Pflege des Schwindsüchtigen nicht von seinen Angehörigen allein, sondern von einer berufsmäßigen Wärterin besorgt wird, muß ebenso sehr wie für den Arzt auch für diese als Pflicht bezeichnet werden, daß sie durch Unterweisung und Belehrung die richtige Auffassung über Entstehung und Verhütung der Tuberkulose verbreitet. Die Pflegerin hat hierzu sogar mehr Gelegenheit, denn sie ist mit dem Kranken und seinen Angehörigen in längerer und näherer Berührung als der Arzt. Eine richtige Anschauung im Publikum über die Krankheit ist aber eine der wichtigsten Vorbedingungen für ihre wirksame Bekämpfung. Der Verkehr der Pflegerin in den Familien ermöglicht ihr indessen eine Einwirkung auch noch in anderer Richtung. Es unterliegt nämlich keinem Zweifel, daß in nicht seltenen Fällen die Tuberkulose heilbar ist und tatsächlich dauernd ausheilt. Das ganze Geheimnis liegt darin, daß die Krankheit in den allerersten Anfängen in richtige und energische Behandlung genommen wird, wann der Kranke selbst meistens noch kaum ein Gefühl davon hat, daß ihm etwas fehlt. Ein Katarrh, der über die gewöhnliche Zeit hinaus anhält, Anzeichen leichter Abmagerung, leichter Ermüdbarkeit und abnehmende Eßlust, leichte Temperatursteigerungen und Neigung zum Schwitzen in der Nacht, das sind verdächtige Erscheinungen, die Veranlassung geben sollten, den Arzt zum Zweck einer genauen, nötigenfalls öfters wiederholten Brustuntersuchung aufzusuchen. Diese, eine Heilung noch zulassenden Anfangsstadien werden nur zu oft versäumt, und die Kranken kommen erst zum Arzt in einem bereits so vorgeschrittenen Zustand, daß günstigstenfalls noch die Erreichung eines zeitweiligen Stillstandes erzielt wird. Wenn die Pflegerin unter den Angehörigen ihres Kranken solche Personen antrifft, so soll sie es an einer warnenden Ermahnung, sich untersuchen zu lassen, nicht fehlen lassen. Ich glaube sogar, daß bei manchen Leuten ein Wort der Pflegerin in dieser Richtung mehr Gewicht hat, als wenn es vom Arzt selbst ausgeht. Diesen hat man in Verdacht, daß persönliches Interesse dabei mitspielt, während die Pflegerin für unbeteiligt und uninteressiert gilt.

Lebhaft muß es beklagt werden, daß die Zahl der berufsmäßigen Pflegerinnen durchaus noch keine ausreichende ist. Wir sollten deren immer noch viel mehr zur Verfügung haben, um besonders allen Lungenkranken unter der ärmeren Bevölkerung die nötige Pflege angedeihen lassen zu können. Es müßte auch in allen Ausbildungskursen, die den Berufswärterinnen, namentlich auch den Landkrankenpflegerinnen, erteilt werden, ausdrücklich darauf hingewiesen werden, wie sie gerade in den Häusern der Armen bei der Bekämpfung der Tuberkulose mithelfen können. Hier ist ein Feld, wo die schätzenswerten Vorzüge der weiblichen Pflegekräfte, nämlich Ausdauer, Geduld und Takt, hervorragend zur Geltung kommen können.

Was hat nun die Pflegerin eines tuberkulös Lungenkranken im speziellen zu beachten, um diesen selbst vor immer neuer

Selbstinfektion und um seine Angehörigen sowie sich selbst zu schützen? Was in dieser Beziehung nottut, das läßt sich zusammenfassen in das inhaltsschwere Wort: Reinlichkeit, aber Reinlichkeit in dem Sinne, wie sie unter dem Begriff der Asepsis, d. h. peinlichster Ausschluß von Verunreinigung, bei chirurgisch Kranken bekannt ist. Wir erwarten heutzutage von einer geschulten Wärterin, daß ihr die Regeln der Asepsis in chirurgischen Dingen in Fleisch und Blut übergegangen sind. Ebenso müssen wir erwarten, daß ihr die gleichfalls auf peinlichster Reinlichkeit beruhenden Vorbeugungsmaßregeln am Krankenbett des Schwindsüchtigen eine selbstverständliche Sache sind.

Zunächst ist die Sauberkeit am Körper des Kranken selbst zu fordern, also gründliches Waschen an Gesicht und Händen, wobei bei Männern dem Bart besondere Aufmerksamkeit zu schenken ist, weil in ihm so gerne Teilchen des Auswurfs hängen bleiben. Dazu kommen regelmäßige Abwaschungen des ganzen Körpers. Diese dienen nicht nur der Reinlichkeit, sondern sind auch für die meist fiebernden und zu starken Schweißen geneigten Kranken eine große Wohltat. Wenn es zu haben ist, soll von Zeit zu Zeit ein warmes Bad gegeben werden. Man findet nicht selten, daß Brustkranke im Bett aus Sorge, sich zu erkälten, ein oder gar mehrere wollene Hemden und womöglich noch ein dickes Halstuch tragen. Diese Einmummung schützt nicht vor Erkältung, im Gegenteil, sie befördert dieselbe durch Verweichlichung der Haut und widerstreitet außerdem dem Verlangen nach Reinlichkeit. Ein einfaches leinenes oder baumwollenes Hemd, bei Frauen etwa noch eine Jacke darüber, ist die zweckmäßigste Bekleidung im Bett.

Als zweiten wichtigsten Punkt muß die Pflegerin mit unerbittlicher Strenge darauf halten, daß der Auswurf des Kranken richtig aufgefangen und unschädlich gemacht wird. Niemals dürfen dazu Taschentücher verwendet werden, niemals die Kleider, das Bettzeug und die Eßgeschirre des Kranken oder gar der Fußboden damit beschmutzt werden. Um dem Kranken die Lippen zu reinigen, bediene man sich kleiner Bäusche von Watte, von zusammengeknüllter Gaze oder Leinwand, die nach dem Gebrauch verbrannt werden. Um alle im Munde verbleibenden Auswurfreste zu entfernen, ist der Kranke zu häufigem Gurgeln und Mundspülen anzuhalten.

Jeder Brustkranke, der in Pflege genommen wird, ist alsbald mit einem zweckmäßigen Spucknapf zu versehen, den er ausschließlich zum Auffangen seines Auswurfs benutzen muß. Die öffentlichen Krankenpflegestationen halten meist allerlei Artikel zur Krankenpflege, wie Eisbeutel, Luftkissen u. dergl., zur Abgabe an unbemittelte Kranke vorrätig. Unter diesen Gegenständen dürfen namentlich Spucknäpfe in ausreichender Zahl nicht fehlen. Kranke, welche außer Bett sein und ausgehen können, bedienen sich zweckmäßig kleinerer Taschenspuckflaschen, die sie stets bei sich tragen sollen. In alle diese Gefäße gießt man etwas desinfizierende Lösung, wie Karbol- oder Lysolwasser. Gereinigt werden sie mit kochendem Wasser, und der Inhalt wird nur in den Abort entleert.

Um bei heftigem Husten das Verspritzen von Sputumteilchen — Sputum ist der lateinische Ausdruck für Auswurf — zu verhindern, sollen die Kranken dabei die Hand oder ein Tuch vor den Mund halten. Daß diese Tücher häufig zu wechseln und gründlich in heißem Seifenwasser auszuwaschen sind, versteht sich von selbst.

Man soll es auch vermeiden, sich von den Kranken direkt anhusten zu lassen. Es ist durchaus unstatthaft, daß Kinder von brustkranken Erwachsenen aufs Bett genommen werden, um sie dort zu hüten und zu beschäftigen; vollends verwerflich ist es, wenn Kinder mit solchen Erwachsenen die Schlafstelle teilen. Tuberkulöse Eltern müssen sich, so hart es auch sein mag, im Interesse ihrer Lieblinge Beschränkungen im nahen Verkehr mit ihren Kindern auferlegen. Jeder Lungenkranke sollte ein Zimmer allein bewohnen. Daß dieses geräumig und luftig und namentlich den Sonnenstrahlen direkt zugänglich sein soll, ist eine ebenso wichtige, wie leider häufig nicht zu erfüllende Forderung. Das direkte Sonnenlicht ist nämlich ein energischer Feind der Tuberkelbazillen, es vernichtet diese in ihrer Lebensfähigkeit in kurzer Zeit. Wir haben also auch aus diesem Grunde alle Ursache, das belebende Licht der Sonne als eine mächtige gesundheitfördernde Kraft zu schätzen und zu suchen.

Da die Tuberkelbazillen in trockenem Zustand im Staub sich lange lebensfähig erhalten, so muß im Krankenzimmer jede Staubentwicklung vermieden werden. Also ist trockenes Auskehren unstatthaft, vielmehr muß die Zimmerreinigung durch feuchtes Auf- und Abwischen geschehen.

Ich muß hier nochmals auf den Schutz der Kinder zurückkommen. Man hat, wie ich glaube, mit vollem Recht darauf hingewiesen, daß für kleinere Kinder besonders die Gefahr besteht, sich auf dem Fußboden anzustecken. Sie kriechen da herum und stecken alles, was sie erwischen, und außerdem noch ihre eigenen, meist schmutzigen Finger in den Mund. Kleine Wunden und Schrunden im Gesicht, an Nase und Mund sind bei den Kleinen sehr häufig, und damit ist Gelegenheit gegeben, daß sie auf dem Boden verstreute Keime sich direkt einimpfen, auf welche Ursache man es auch zurückführt, daß die tuberkulösen Entzündungen und Vereiterungen der Lymphdrüsen am

Hals, wohin unter solchen Umständen die Keime zunächst einwandern, bei Kindern besonders häufig sind. Zum Schutz der Kinder vor der Fußbodeninfektion, wobei ja auch noch andere Keime als gerade die der Tuberkulose in Betracht kommen, hat man die sogenannten Schutzpferche empfohlen. Solch ein Pferch ist ein leichtes, zusammenlegbares, viereckiges Lattengestell, ringsum mit Stoff bezogen, die Bodenfläche mit einem Teppich oder einer dünnen Matratze belegt. Da hinein setzt man die Kinder mit ihrem Spielkram. Sie können darin sitzen, liegen, umherkriechen und an den Seitenwänden sich aufrichten, ohne sich beschädigen zu können und ohne mit dem Fußboden in Berührung zu kommen. Nebenbei hat diese Einrichtung noch den Nutzen, den Müttern und Kindermädchen ihre Mühewaltung um die Kleinen und deren Beaufsichtigung wesentlich zu erleichtern.

Ich kann mir die günstige Gelegenheit nicht entgehen lassen, auf einen weiteren Mißstand zu verweisen, wenn er auch, genau genommen, nicht zu unserem Thema gehört. Unsere Frauen sind alle mehr oder weniger Mitschuldige daran, darum möchte ich sie auch zu Mithelferinnen bei Abstellung dieses Mißstandes aufrufen. Ich meine die langen Straßenkleider, die Straßenschleppen. Von Hygienikern und Ärzten wird neuerdings gegen diesen ebenso überflüssigen als unbequemen Modeartikel lebhaft geeifert und gewiß mit Recht. Man wäre versucht, genau festzustellen und zu beschreiben, was da alles von dem nachschleppenden Kleidersaum auf der Straße auf- und mitgenommen wird. Ich fürchte, das gäbe eine recht unappetitliche Schilderung. Daß unter dem Straßenstaub auch ansteckungsfähige Keime sich befinden, die dann auf die Fußböden der Wohnungen verschleppt und dort den Kindern gefährlich werden können, unterliegt keinem Zweifel. In dieser Tatsache besteht der Zusammenhang mit dem, was vorhin über den Schutz der Kinder gesagt wurde. Ich möchte nicht mißverstanden werden: dem Schleppkleid auf dem Ball oder in Gesellschaft soll seine ästhetische Berechtigung gewahrt bleiben, das Straßenkleid aber sollte den Boden nicht berühren.

Selbst wenn es einer energischen und umsichtigen Pflegerin gelingt, ihren lungenkranken Patienten so zu erziehen — denn um eine Art von Erziehung handelt es sich hier tatsächlich — daß er alle vorhin angeführten Vorschriften pünktlich befolgt, so haben wir doch niemals die volle Gewißheit, ob es auch wirklich gelungen ist, alle Tuberkelkeime in der Umgebung des Kranken unschädlich zu machen. Wer ferner einen Einblick in die Verhältnisse des unbemittelten und ungebildeten Teiles der Bevölkerung getan hat, der weiß nur zu gut, welchen Riesenkampf dort alle hygienischen Bestrebungen gegen Dummheit, Faulheit und Indolenz zu führen haben, und daß häufig genug unsere besten Absichten gegenüber diesen mächtigen Gegnern der unterliegende Teil sind; der weiß ferner, daß nur mit der Langsamkeit des Tropfens, der den Stein aushöhlt, die Grundsätze der Gesundheitslehre in die breiten Schichten des Volkes durchsickern und in ihnen Boden fassen; der darf aber auch nicht vergessen, daß häufig die äußeren Verhältnisse mächtiger sind als der beste Wille, daß Armut, schlechte Wohnungsverhältnisse und was die Armut sonst alles im Gefolge hat, unseren hygienischen und krankheitverhütenden Bestrebungen oft unübersteigliche Hindernisse in den Weg stellen. Solche trüben Erfahrungen sollen aber nicht mutlos machen und uns sagen lassen, wozu die Mühe, es führt ja doch zu keinem Erfolg, sondern sie sollen im Gegenteil ein steter Ansporn zu erneuter und unermüdlicher Arbeit sein.

Wenn ich vorhin sagte, daß es unter ärmlichen Verhältnissen oft schwer möglich ist, die Umgebung eines Lungenkranken frei von ansteckenden Keimen zu halten, so dürfen wir deshalb nicht die Hände in den Schoß legen, sondern wir müssen uns dann noch nach anderen Hilfsmitteln dagegen umsehen. Ein solches besitzen wir in der regelrecht durchgeführten Desinfektion des Krankenzimmers, des Bettes und Bettzeuges und der sonstigen Gebrauchsgegenstände des Kranken. Die alten Desinfektionsmethoden waren umständlich in der Ausführung und unsicher im Erfolg und genossen deshalb bei den Ärzten und beim Publikum wenig Vertrauen. Es wird Ihnen bekannt sein, daß man sich früher damit abplagte, den Fußboden und die Leisten des Krankenzimmers und was sonst abwaschbar war, mit Karbolwasser oder Sublimatlösung abzuwaschen. Die Wände und Tapeten pflegte man mit trockenem Brot und alten wollenen Lappen abzureiben und die letzteren hinterher zu verbrennen. Es ist wohl klar, daß man auf diese Weise nicht überall hinkommen und nicht in allen Ritzen und Winkeln, in denen Krankheitskeime sich verstecken, diese töten konnte. Das ist jetzt anders und besser. Wir besitzen in der Desinfektion mit Formalindämpfen und mit strömendem Wasserdampf Einrichtungen, die wohl allen Anforderungen gerecht werden.

Bei keiner Krankheit ist nun die sachgemäße Anwendung dieser Desinfektionsmethoden so wichtig und notwendig als gerade bei der Tuberkulose. Wir müssen daher die Forderung aufstellen — für das Großherzogtum Baden ist dieselbe neuerdings erfüllt durch eine ministerielle Verordnung vom 30. Januar 1902, die Bekämpfung der Tuberkulose des Menschen betreffend, — daß der Wohnraum eines jeden Lungenkranken samt allem, was darin ist, der Desinfektion unterzogen wird, sobald er denselben dauernd verläßt, sei es, daß er seinen Leidensgang vollendet hat, sei es, daß er eine andere Wohnung bezieht, sei es, daß er in ein Krankenhaus überführt wird. Das ist notwendig zum Schutz derer, die nach ihm seine Wohnung benutzen. Die Durchführung der Desinfektion sollte obligatorisch und unentgeltlich sein bei allen Personen, welche aus Armenmitteln unterstützt werden oder Mitglied einer Krankenkasse sind. Bei dem übrigen Teil der Bevölkerung müssen wir erwarten, daß er dem Rat seiner Ärzte hierin Folge leistet. Es ist eine direkte Fahrlässigkeit, wenn man, wie noch vielfach üblich, die Kleider und das Bettzeug eines an Schwindsucht oder einer anderen übertragbaren Krankheit Verstorbenen an arme Leute verschenkt, ehe diese Gegenstände in einem Desinfektionsapparat mit strömendem Wasserdampf von Keimen befreit worden sind. Ich halte es auch für eine Aufgabe des Pflegepersonals, die Angehörigen der Kranken im gegebenen Fall auf die Notwendigkeit und Nützlichkeit dieser Maßregeln aufmerksam zu machen. Es will mich fast dünken, als ob auch hier von manchen Leuten dem Wort und dem Rat der Pflegerin mehr Gewicht beigelegt werde als denen des Arztes. Das mag ja wunderlich genug erscheinen, mag aber darauf beruhen, daß manchmal angenommen wird, derartige Anordnungen des Arztes entsprängen einer persönlichen Liebhaberei oder gar, er habe an ihrer Ausführung ein persönliches Interesse. Dringend zu warnen ist vor der Anwendung halber und ungenügender Desinfektionsmaßregeln, wozu beim Publikum bisweilen noch einige Neigung zu verspüren ist. Da stellt man z. B. Schüsseln mit Karbolwasser oder dergleichen auf oder spritzt die Flüssigkeiten im Zimmer herum. Das erweckt den Schein, als ob etwas geschehen sei, weil es dem Geruchssinn wahrnehmbar ist; tatsächlich aber bleiben die Krankheitskeime dadurch völlig unberührt. Ebenso ist es eine Täuschung, wenn man glaubt, durch Verstäuben von Tannenduft oder Kölnischem Wasser die verbrauchte Luft im Krankenzimmer verbessern zu können. Für die Luft gibt es überhaupt nur eine Verbesserung, nämlich, wenn man die alte hinaus- und die frische hereinläßt.

Dritter Vortrag.

Die Kinderkrankheiten.

Ich wende mich jetzt zum letzten Teil unseres Themas, nämlich zur Besprechung der ansteckenden Kinderkrankheiten und der der Pflege dabei im besonderen zufallenden Aufgaben. Kinder zu pflegen, ist nicht leicht und erfordert ein gewisses angeborenes Talent. Wir müssen dabei in Betracht ziehen, daß kranke Kinder meist gänzlich unverständige Wesen sind, denen jede Einsicht in die Bedeutung ihrer Krankheit und das, was ihnen nottut, in höherem Maße abgeht als Erwachsenen. Es ist ihnen im allgemeinen daher mit den Mitteln der logischen Überzeugung nicht beizukommen. Nun wird man sagen, Kinder müssen eben einfach folgen, die Anordnung des Arztes oder der Pflegerin, der Befehl des Vaters oder der Mutter müssen an die Stelle der eigenen Einsicht treten! Ja, wenn nur alle Kinder in gesunden Tagen schon genügend an Gehorsam gewöhnt wären, und wenn nur nicht unter den abnormen Verhältnissen des Krankseins häufig alle Erziehungsgrundsätze bedenklich in die Brüche gingen! Kranke Kinder werden von jenen Personen am besten gepflegt werden, welche auch in gesunden Tagen in angemessener Weise mit denselben zu verkehren wissen. Die richtige Grundlage für beide Fälle wird wohl die sein, daß man die Kleinen wirklich gern hat und es fertig bringt, sie auch dann noch gern zu haben, wenn sie ungezogen und widerspenstig sind. Mit gleichmäßiger Freundlichkeit, mit unerschütterlicher Ruhe und Bestimmtheit erreicht man bei kranken Kindern jedenfalls weit mehr, als wenn man aufgeregt in sie hineinredet. Namentlich wenn dies von mehreren Personen gleichzeitig geschieht, ist es ganz vom Übel. Eine verkehrte Maßregel ist es ferner, wenn man ihnen mit irgend etwas Angst macht, wenn man ihnen das Erscheinen von schwarzen Männern, von allerhand wilden Tieren in Aussicht stellt für den Fall, daß sie ihre Arznei nicht nehmen oder ihre Suppe nicht essen wollen. Am allertörichtesten jedoch ist es, wenn die Person des Arztes neben dem Schornsteinfeger zum Popanz genommen wird. „Die Folge davon ist" — so heißt es in der Vorrede zu dem Klassiker der Kinderstube, zum Struwwelpeter — „daß, wenn in schlimmen Zeiten der Doktor in das Zimmer tritt, der kleine kranke Engel zu heulen, sich zu wehren und um sich zu treten anfängt. Eine Untersuchung des Zustandes ist schlechterdings unmöglich; stundenlang kann der Arzt nicht den Beruhigenden, Besänftigenden machen. Da half mir gewöhnlich" — so sagt der Verfasser des Struwwelpeters, bekanntlich ein Frankfurter Arzt, weiter — „rasch ein Blättchen Papier und ein Bleistift: eine der Geschichten, wie sie in dem Buche stehen, wird rasch erfunden, mit drei Strichen gezeichnet und dazu möglichst lebendig erzählt. Der wilde Oppositionsmann wird ruhig, die Tränen trocknen, und der Arzt kann spielend seine Pflicht tun." Nun ist ja das Bilderzeichnen nicht jedermann geläufig. Davon hängt es aber auch nicht ab, sondern der wird im Verkehr mit Kindern den größten Erfolg haben, der es versteht, sich in den etwas mystischen und noch herzlich unlogischen Ideen- und Gedankenkreis des kindlichen Seelenlebens hineinzuversetzen. „Mit der absoluten Wahrheit, mit algebraischen oder geometrischen Sätzen rührt man keine Kinderseele", so heißt es sehr richtig an einer anderen Stelle der Vorrede zum Struwwelpeter. Wer sich das Zutrauen kleiner Weltbürger erringen will, der darf auch allerhand Äußerlichkeiten nicht außer acht lassen. Sie haben vielleicht schon die Beobachtung gemacht, daß kleinere Kinder selten dazu zu bringen sind, jemand die Hand zu geben, der Handschuhe anhat. Ebenso sind ihnen große Damenhüte, Schleier vor dem Gesicht und ähnliche Vermummungen äußerst unsympathisch. Kleine Kinder sind eben noch Naturmenschen, und alle Attribute von Europens übertünchter Höflichkeit sind ihnen einstweilen noch ein Greuel.

Wenn wir jetzt zur Besprechung der einzelnen ansteckenden Kinderkrankheiten übergehen, so beginnen wir mit derjenigen, welche wohl als die wichtigste bezeichnet werden kann, dem Scharlach. Er ist eigentlich keine Kinderkrankheit im strengen Sinn, denn er kommt nicht so selten auch bei Erwachsenen vor. Merkwürdig ist, daß die Empfänglichkeit für Scharlach keine allgemeine ist, so daß etwa $^2/_3$ der Menschen zeitlebens davon verschont bleiben, und daß außerdem die Empfänglichkeit wechselt. Wer heute z. B. trotz vorhandener Ansteckungsgelegenheit nicht erkrankt, kann ihn vielleicht übers Jahr doch noch bekommen. Merkwürdig ist ferner, daß Kinder unter einem Lebensjahr so gut wie niemals daran erkranken. Auch ist der Scharlach in der Heftigkeit der Krankheitserscheinungen sehr verschieden. Er kann so leicht sein, daß die Kinder nur mit Mühe im Bett zu halten sind, weil sie sich kaum unwohl fühlen; er kann aber auch so schwer auftreten, daß er unmittelbare Lebensgefahr bedingt. Der Scharlach gilt daher mit Recht für eine heimtückische Krankheit, und zwar aus zwei Gründen: manchmal sind die anfänglichen Erscheinungen so undeutlich und unbestimmt, daß sie überhaupt nicht beachtet werden und auch vom Arzt nicht immer richtig gedeutet werden können. Hierher gehören namentlich die Scharlachfälle ohne Ausschlag oder mit so geringer oder vorübergehender Hautröte, daß diese der Beobachtung sich entzieht. Plötzlich tritt dann eine akute Nierenentzündung oder dergl. auf und läßt erst die vorausgegangene, kaum beachtete Krankheit im richtigen Licht erscheinen. Zweitens sind die dem Scharlach eigenen Komplikationen bezw. Nachkrankheiten mit Recht gefürchtet. Die wichtigsten sind die Nierenentzündung, die Entzündung und Vereiterung der Halslymphdrüsen und die Mittelohrentzündungen. Ein von vornherein milder Verlauf des Scharlachs schützt vor diesen Nachkrankheiten keineswegs. Man pflegt daher mit Recht zu sagen, daß ein Scharlach erst dann leicht war, wenn er vier Wochen ohne besondere Zufälle vorüber ist.

Die sichtbaren Krankheitserscheinungen des Scharlachs spielen sich auf der Haut und im Hals ab. Auf der Haut erscheint, im Gesicht und am Hals beginnend und von da nach abwärts über den Körper sich ausbreitend, eine aus kleinen Fleckchen sich zusammensetzende Röte, welche der Krankheit den Namen gegeben hat. Auf den Mandeln und im Rachen findet sich einfache Rötung und Schwellung unter dem Bild einer sog. Angina mit den entsprechenden Schluckbeschwerden oder eine diphtheritische Entzündung mit weißlichen Auflagerungen. Die Lymphdrüsen beiderseits am Kieferwinkel pflegen anzuschwellen und auf Druck empfindlich zu werden. Die begleitende Rachendiphtherie ist bisweilen sehr schwer und durch Blutvergiftung lebensgefährlich. Nicht selten vereitern nachträglich noch die Halslymphdrüsen, es bildet sich dann unter erneutem Fieber ein Abszeß, der mit dem

Messer zu öffnen ist. Die auftretenden und meist recht schmerzhaften Mittelohrentzündungen sind gleichfalls eine Fortleitung von der Erkrankung der Rachenorgane.

Der Beginn des Scharlachs ist ein ziemlich plötzlicher mit raschem Anstieg des Fiebers, häufig von Erbrechen begleitet. Das Fieber hält sich anfangs einige Zeit auf annähernd gleicher Höhe, um dann allmählich im Verlauf von einigen Tagen wieder abzusinken. Nach der Entfieberung folgt eine reichliche Abschuppung der Haut, die sich bisweilen noch lange in die Rekonvaleszenz hinein fortzieht und manchmal so stark ist, daß man jeden Tag die Hautschuppen aus dem Leintuch ausschütteln kann und an den Händen und Füßen ganze Hautfetzen sich abziehen lassen. Die Zeit nach der Entfieberung ist gefährlich für Nierenentzündungen. Deshalb muß in dieser Zeit durch mehrfache Urinuntersuchungen auf die ersten Anfänge einer solchen, unter Umständen sehr ernsten Nachkrankheit geachtet werden.

Die speziellen Aufgaben der Pflege beim Scharlach dürften nun etwa die folgenden sein:

Da der Scharlach eine in hohem Grad ansteckende und nicht ungefährliche Krankheit ist, so ist die möglichst strenge Isolierung des Kranken anzustreben. Das ist freilich in kinderreichen Familien mit beschränkten Wohnräumen leichter gesagt als getan. Man hilft sich dann oft damit, daß man den Kranken in ein Hospital verbringt, oder daß man die Geschwister aus dem Haus ausquartiert. Freilich sollten in der Familie, welche die Geschwister bei sich aufnimmt, selbst keine Kinder sein. Denn das eine oder andere der Geschwister kann ja schon zu Hause infiziert sein und ebenfalls in ein paar Tagen erkranken, so daß also durch solche Übersiedelung der Verbreitung nur Vorschub geleistet würde. Die Hauptgelegenheit der Ansteckung mit Scharlach wie auch der andern Kinderkrankheiten ist der nahe Verkehr der Kinder miteinander in den Schulen. Es wird bekannt sein, daß für Scharlach und Diphtherie bei uns polizeiliche Vorschriften in Geltung sind, welche diesen Übelstand nach Möglichkeit einschränken sollen. Das Wesentlichste dieser Bestimmungen ist folgendes: An Scharlach und Diphtherie erkrankte Kinder sollen vier Wochen der Schule fernbleiben, ebenso ihre schulpflichtigen Geschwister, auch wenn diese gesund bleiben. Die Aussperrungsfrist für letztere reduziert sich auf vierzehn Tage, wenn das kranke Kind oder seine Geschwister aus dem Haus verbracht werden, so daß also eine genügende räumliche Trennung hergestellt ist. Die vierwöchentliche Ausschließung ist für leichtere Scharlachfälle ausreichend, für schwere, länger sich hinziehende dagegen erscheint sie etwas knapp bemessen. Wenn in der Familie eines Lehrers oder einer Lehrerin Scharlach oder Diphtherie auftritt, so haben diese gleichfalls für vier Wochen dem Unterricht fernzubleiben. Diese Bestimmungen finden darin ihre Begründung, daß erfahrungsgemäß eine Verschleppung der Krankheitskeime durch dritte Personen, welche selbst nicht erkranken, stattfinden kann. Ich sage mit ausdrücklicher Betonung k a n n, denn diese Art der Übertragung bildet jedenfalls die Ausnahme. Endlich, wenn in einer Schule oder einer Schulklasse die Erkrankungen sich häufen oder einen bösartigen Charakter zeigen, so kann deren zeitweilige Schließung durch die Behörde, welcher alle derartigen Krankheitsfälle von den behandelnden Ärzten angezeigt werden müssen, verfügt werden. Die Zeit der Schließung pflegt man neuerdings in dankenswerter Weise dazu zu benutzen, um die betreffenden Schulzimmer gründlich zu desinfizieren.

Das Gebot der Isolierung verlangt naturgemäß, daß ein Scharlachkranker in einem Zimmer für sich untergebracht sein muß. Was früher über die Herrichtung und Ausstattung des Krankenzimmers bei Besprechung des Typhus gesagt wurde, das gilt hier ebenso. Besuche jeglicher Art sind aus dem Krankenzimmer gänzlich fernzuhalten. Außer dem Arzt und der Pflegerin sollen nur diejenigen erwachsenen Angehörigen das Zimmer betreten, die an der Pflege beteiligt sind. Es ist wichtig, zu betonen, daß diese strenge Isolierung des Kranken noch einige Zeit in die Rekonvaleszenz hinein aufrecht erhalten werden muß, jedenfalls so lange, bis der Kranke mehrmals gebadet und der Raum, in dem er verpflegt wurde, desinfiziert ist. Auf die Notwendigkeit der Desinfektion muß man die Angehörigen besonders aufmerksam machen. Der Ansteckungsstoff des Scharlachs ist uns ja, wie früher erwähnt, noch unbekannt. Wir wissen von ihm nur, daß er durch die Luft sich verbreitet, daß er langlebig und widerstandsfähig ist, und daß er an Tapeten, Kleidern, Büchern, Spielsachen und dergl., noch lange in infektionstüchtigem Zustand haften kann. Es sind mehrfach einwandsfreie Fälle bekannt, wo nach längerer Zeit auf diesem Weg noch Ansteckung zustande kam. Man soll also nach Ablauf der Krankheit das Zimmer mit Formalindämpfen ausräuchern lassen, die Matratze, die Polster und das sonstige Bettzeug läßt man in einem Desinfektionsofen mit strömendem Wasserdampf keimfrei machen. Diese Einrichtungen hat man ja, in den Städten wenigstens, jetzt so gut und bequem, daß man selbst keinerlei Mühe und Last damit hat, und es genügt mit zwei Zeilen auf einer Postkarte das Ansuchen an die städtische Desinfektionsanstalt, worauf die Sache von den Angestellten derselben gegen eine kleine Gebühr in sachgemäßer Weise ausgeführt wird.

Scharlachkinder, die nicht mehr schwer krank sind oder in der Rekonvaleszenz sich befinden, wollen mit Spielsachen, Bilderbüchern und dergl. sich die Zeit vertreiben. Man wird am besten zu diesem Zweck einige alte und wertlose Gegenstände opfern; denn nachher sollen dieselben dem Feuertod überliefert werden. Bei solchen Kinderkrankheiten, wie es Scharlach, Masern und die anderen sind, wird der Arzt häufig gefragt, ob man denn die Kinder auch waschen dürfe. Diese Frage ist noch ein Überbleibsel aus unserer Urgroßmütter Zeiten, wo man vor Wasser und Luft, diesen zwei mächtigen Gesundheitsbringern, eine heilige Scheu hatte. Es liegt ihr auch die irrige Vorstellung zu Grunde, daß durch Anwendung von Wasser der Hautausschlag nach innen, auf innere Organe verdrängt werden könne. Ich wüßte schlechterdings keine Krankheit zu nennen, bei der die Erfüllung der einfachen Gebote der Reinlichkeit nachteilig sein könnte. Scheut man sich doch nicht im entferntesten, besonders schwer fieberhafte Scharlachkranke mit lauwarmen, selbst kühlen Vollbädern zu behandeln. Der Erfolg pflegt hier wie beim Typhus auf die Schwere der Krankheitserscheinungen ein günstiger und heilsamer zu sein.

Nun noch ein Wort über die Diät bei Scharlach: sie soll während der ganzen Fieberperiode eine flüssige sein. Wie ich glaube, mit Recht, genießt eine möglichst ausschließliche Milchdiät ein gewisses Ansehen. Die Milch wird fast ausnahmslos gut vertragen und ist jedenfalls für die am meisten gefährdeten Nieren die reizloseste Nahrung. Mit einer Tasse warmer Milch alle zwei Stunden und dazwischen etwas Limonade oder Fruchtsaft als Getränk werden wir beim Scharlach und den anderen Kinderkrankheiten im Durchschnitt dem Nahrungsbedürfnis und dem Durstgefühl voll Genüge leisten. Unter Umständen können ja besondere Stärkungsmittel am Platze sein, doch ist deren Anordnung im einzelnen Fall dem Arzt überlassen. Bei der Verordnung der Milchdiät stößt man bisweilen, namentlich bei Ungebildeten, auf den Einwurf: „Ja, Milch mag oder kann das Kind keine trinken." Das ist ein Vorurteil, oder vielmehr liegt dem ein Erziehungsfehler zu Grunde. Solchen Kindern ist eben früh schon durch Reizmittel und pikante Dinge, wie Kaffee, Tee, Wurstwaren oder gar alkoholische Getränke, zu ihrem großen Nachteil der Geschmack für die Milch verdorben worden. Auch in der Rekonvaleszenz des Scharlachs bevorzugt man die Milch und alles, was im wesentlichen aus Milch und Mehl gemacht ist. Es sollen also hier Weißbrot, Zwieback und sonstiges leichtes Gebäck, die verschiedenen Breiarten, leichte Puddings und Aufläufe und dergl. in mannigfacher Abwechslung gegeben werden. Die eigentliche Eiweißkost, wie Fleisch und Eier, tritt dagegen zunächst mehr in den Hintergrund.

Die Erkrankung des Rachens beim Scharlach, namentlich die Scharlachdiphtherie, bedarf noch besonderer Beachtung. Sie kann das Schlucken recht erschweren und schmerzhaft machen. Man darf dann mit Eisstückchen Linderung schaffen und wird zufrieden sein müssen, wenn man mit viel Geduld und Zureden von Zeit zu Zeit ein paar Löffel kalter Milch beibringt. Meist besteht hierbei eine starke Absonderung von Schleim und Speichel aus dem Munde. Diese Absonderungen sind sehr ansteckend. Man bedient sich daher zum Ab- und Auswischen des Mundes alter Leinwandlappen oder Stückchen Verbandgaze, die man sofort verbrennt. Taschentücher, die etwa damit beschmutzt worden sind, steckt man, ehe sie gewaschen werden, wie die Wäsche der Typhuskranken, für 24 Stunden in eine keimtötende Flüssigkeit. Eine eigentümliche Erscheinung ist noch zu erwähnen, die sich auf die mit Scharlachkranken verkehrenden Personen bezieht. Wenn dieselben auch entweder durch natürliche Immunität oder durch früheres Überstehen eines Scharlachs für diesen unempfänglich sind, so erkranken sie doch bisweilen an der Angina, d. h. der Mandelentzündung oder der Mandeldiphtherie allein. Es kann damit auch ein- bis zweitägiges Fieber und entsprechendes Krankheitsgefühl verbunden sein. Sind diese Erkrankungen allermeist auch nicht schlimm, so bedeuten sie doch eine recht unerwünschte Störung und Erschwerung der Pflege. Jedenfalls sollen sie eine Mahnung für die Pflegerin sein, die Maßregeln, die dem eigenen Schutz dienen, nicht zu vergessen. Sie soll also vermeiden, sich der Ausatmungsluft eines Scharlach- oder Diphtheriekranken aus unmittelbarer Nähe auszusetzen, sie soll die eigene Mundpflege in Gestalt von häufigem Mundspülen und Gurgeln nicht versäumen, sie soll nach den Hantierungen am Kranken ihre Hände gründlich waschen, sie soll schließlich ihre eigenen Mahlzeiten mit frischgereinigten Händen und niemals im Krankenzimmer selbst einnehmen.

Alles, was seither über die Scharlachdiphtherie gesagt wurde, gilt naturgemäß auch für die als selbständige Krankheit auftretende Diphtherie. Es braucht also bei der Besprechung der Diphtherie, der wir uns jetzt zuwenden, nicht nochmals erwähnt zu werden. Auch die Diphtherie ist keine ausschließliche Kinderkrankheit. Sie kommt ebenso bei Erwachsenen vor, pflegt aber bei diesen, als kräftigeren, widerstandsfähigeren Personen, weit weniger bedenklich zu sein. Von Scharlach, Masern u. s. w. unterscheidet sie sich in unliebsamer Weise dadurch, daß ein und dieselbe Person mehrmals an ihr erkranken kann. Sie wissen, daß die Diphtherie als eine heftige Entzündung der Rachenorgane sich kundgibt mit Bildung weißlicher Auflagerungen, der sog. diphtheritischen Beläge auf den Mandeln, dem weichen Gaumen, dem Zäpfchen, sowie der Rachen-, bisweilen auch der Nasenschleimhaut. Setzen sich die Diphtheriebeläge auch in den Kehlkopf und die Luftröhre fort, so haben wir es mit dem gefürchteten diphtheritischen Krupp zu tun. Bisweilen beginnt die Erkrankung sofort als letzterer mit den Erscheinungen von seiten des Kehlkopfes; doch findet man dann nicht selten bei genauem Zusehen auch auf einer Mandel oder sonst wo im Rachen einen kleinen Belag, der den Ausgangspunkt der Erkrankung darstellt.

Das Erkennen der Diphtherie, in ihren ersten Anfängen wenigstens, erfordert viel Übung. Der Laie soll daher, wenn er etwas Weißes im Hals bemerkt, sich nicht auf sein eigenes Urteil verlassen, sondern unter allen Umständen ohne Verzug den Arzt fragen.

Dipththerie ist ein Schreckwort für jede um ihre Lieblinge besorgte Mutter, sie ist ein unheimlicher Gast in der Kinderstube. Und doch kann zur Beruhigung gesagt werden, daß die durch diese Krankheit bedingte Gefahr gegen früher wesentlich geringer geworden ist. Die Wissenschaft hat uns im Diphtherieheilserum eine wirksame Waffe geschmiedet, und, seit wir dieses Mittel besitzen, stehen wir der Krankheit viel ruhiger und mit weit mehr Aussicht auf einen günstigen Ausgang gegenüber wie früher, wo es zwar sehr viele, aber kein einziges zuverlässiges Mittel gegen die Diphtherie gab. Bedingung für einen guten Erfolg ist nur, daß die Erkrankung gleich bei Beginn zur Kenntnis des Arztes kommt, so daß rechtzeitig die Serumeinspritzung gemacht werden kann. Ein weiterer günstiger Umstand liegt noch darin, daß nach dem Urteil der meisten Ärzte die Diphtherie in den letzten Jahrzehnten weniger bösartig auftritt wie früher. Derartige allmähliche Veränderungen im Charakter einer Krankheit hat man auch sonst schon beobachtet. So ist auch der Typhus im großen und ganzen bei uns milder geworden. Ja, sogar die Möglichkeit ist nicht ausgeschlossen, daß eine solche Krankheit wie die Diphtherie einmal wieder ganz verschwindet. Sehr interessant ist wenigstens die Tatsache, daß bis um die Mitte des vorigen, also des 19., Jahrhunderts die Krankheit bei uns in Deutschland nicht wieder aufgetreten war, nachdem man sie schon in früheren Jahrhunderten, aber wohl mehr vereinzelt, beobachtet hatte. Sie war den Ärzten vollständig aus dem Bewußtsein entschwunden und bildete für sie bei ihrer Wiederkehr eine neue und unbekannte Erscheinung. Mein ehemaliger Lehrer in Heidelberg, der verstorbene Geh. Hofrat v. Dusch, erzählte mir gelegentlich, wie er als junger Arzt in den fünfziger Jahren des vorigen Jahrhunderts das Auftreten der Diphtherie in Heidelberg miterlebte, und daß damals Ärzte aus Wien herbeigereist kamen, um diese neue Krankheit kennen zu lernen. Es dauerte freilich nur ein paar Jahre, so war sie auch in Wien nur zu bekannt.

Bei der Diphtherie gibt es gleichfalls Komplikationen und Nachkrankheiten, zum Teil recht bedenklicher Natur. In gewissem Sinn ist auch das Hinzutreten des Kehlkopfkrupps eine Komplikation zu nennen. Das Eintreten desselben kündigt sich an durch einen rauhen bellenden Husten, dessen unangenehmen und alarmierenden Ton niemand vergißt, der ihn einmal gehört hat. Bald stellen sich mit einem lauten, ziehenden Geräusch beim Atemholen Atembeschwerden und Erstickungsanfälle ein, die Kinder werden schließlich bläulich im Gesicht, teilnahmslos, endlich bewußtlos und gehen jammervoll zu Grunde, wenn nicht rechtzeitig durch den Luftröhrenschnitt oder die neuerdings an seiner Stelle bisweilen geübte künstliche Erweiterung des Kehlkopfes die dringendste Gefahr abgewendet wird. Ich möchte hier ausdrücklich hervorheben, daß durchaus nicht jeder Husten mit kruppartigem Ton richtiger Kehlkopfkrupp ist. Dies gilt namentlich vom sog. falschen Krupp. Bei manchen Kindern tritt der letztere sozusagen gewohnheitsmäßig auf, sobald infolge einer Erkältung die Atmung durch die Nase aufgehoben ist und sie in der Nacht während einiger Stunden mit offenem Mund geschlafen haben. Die Kehle trocknet ihnen dadurch aus, und sie fahren dann plötzlich in der Nacht, zum Schrecken ihrer Eltern, mit rauhem kruppartigen Husten und nach Luft ziehend in die Höhe. Wenn man diese verhältnismäßig unschuldigen Anfälle einmal kennt, läßt man sich nicht mehr durch sie erschrecken, denn bald lösen sie sich in einen gewöhnlichen, harmlosen Katarrhhusten auf.

Wenn bei der Diphtherie auch zunächst nur im Rachen sichtbare Erscheinungen auftreten, so ist doch der ganze Körper an der Erkrankung beteiligt. Von den Belägen aus werden Giftstoffe in die Körpersäfte aufgenommen, welche in anderen Organen sich niederlassen und dort Schaden stiften können. Auch hier sind in erster Linie die Nieren gefährdet; bei den meisten Diphtheriefällen, die eine bedenkliche Wendung nehmen, treten frühzeitig krankhafte Bestandteile im Urin auf als Zeichen, daß die Nieren miterkrankt sind. Es müssen also auch hier Urin-Untersuchungen regelmäßig und pünktlich ausgeführt werden.

Ein wie böses Gift das der Diphtherie ist, zeigt sich ferner darin, daß es bisweilen das Herz direkt angreift. Es stellt sich infolge dieser Giftwirkung eine bedrohliche Herzschwäche ein, ja es ist ab und zu der traurige Fall eingetreten, daß Kinder, die man schon im Beginn der Rekonvaleszenz wähnte, bei einer heftigen Erregung oder bei raschem Aufsitzen im Bettchen plötzlich an Herzlähmung gestorben sind. Daraus folgt, daß hier der pflegenden Person die Aufgabe zufällt, in Abwesenheit des Arztes die Beschaffenheit des Pulses als Ausdruck der Herzkraft zu prüfen und zu beurteilen. Das ist durchaus nicht leicht und läßt sich nur durch große Aufmerksamkeit und Übung erlernen. Aus demselben Grunde müssen Diphtheriekranke bis weit in die Rekonvaleszenz hinein unbedingt vor Unruhe und Aufregung bewahrt werden. Daß das bei lebhaften und leicht erregbaren Kindern, die, sobald sie ihre Kräfte wachsen fühlen, ihr Bettchen als eine Art Turnplatz ansehen möchten, keine leichte Aufgabe ist, wird man mir gerne glauben; aber dennoch muß die Mutter oder die Pflegerin ohne Härte der Forderung eines ruhigen Verhaltens ihres kranken Kindes zu genügen wissen.

Der Diphtherie als Nachkrankheit eigentümlich sind ferner gewisse Schädigungen der Nerven, welche in verhältnismäßig spät nach Ablauf der Krankheit auftretenden Lähmungen sich äußern. So kann es vorkommen, daß ein Kind, welches an einer vielleicht ganz leichten Diphtherie erkrankt war, eines schönen Tages anfängt, sich fortwährend zu verschlucken in der Weise, daß ihm getrunkene Flüssigkeiten zur Nase wieder herauslaufen. Diese Erscheinung kommt daher, daß das Gaumensegel, welches beim Schlucken die Rachen- und Nasenhöhle von der Speiseröhre abschließen soll, gelähmt ist und also diese Aufgabe nicht mehr erfüllen kann. Ein anderes Kind kann auf einmal infolge von Lähmung der Beinnerven und Muskeln nicht mehr gehen, auch die Arme, selbst alle vier Gliedmaßen zusammen können so der Lähmung verfallen. Zum Glück haben im großen und ganzen diese sehr störenden Lähmungserscheinungen einen gutartigen Charakter. Sie pflegen nach einiger Zeit wieder zurückzugehen und einem normalen Verhalten Platz zu machen. Jedenfalls beweisen auch sie, daß das Diphtheriegift äußerst heimtückisch sein und bis in die feinsten Körpergewebe schädigend eindringen kann.

Daß bei der Diphtherie die Absperrungs- und Isolierungsmaßregeln streng und sorgfältig durchzuführen sind, bedarf wohl keiner Begründung. Auch ist hier die Desinfektion des Krankenzimmers samt allem, was darin ist, ebenso notwendig als beim Scharlach, desgleichen die Vernichtung der von den kranken Kindern etwa benutzten Spielsachen, Bilderbücher und dergl. Sind derartige Gegenstände glatt und ohne Rillen und Vertiefungen auf ihrer Oberfläche, so kann man sie eventuell auch mit desinfizieren lassen oder durch Auskochen in Wasser oder Sodalösung keimfrei machen. Alles aber, was den Ansteckungskeimen besonders günstige Schlupfwinkel bietet, die auch den Desinfektionsmitteln schwer zugänglich sind, wird am besten dem Feuertod überliefert.

Von Scharlach und Diphtherie recht wesentlich verschieden ist eine weitere ansteckende Kinderkrankheit, nämlich die Masern. Man kann sie schon mit mehr Recht eine eigentliche Kinderkrankheit nennen, insofern, als sie ganz vorzugsweise im Kindesalter vorkommen. Die Empfänglichkeit für die Masern ist eine ganz allgemeine, niemand ist vom ersten Tag seines Lebens an gegen sie gefeit. So ergibt es sich ganz von selbst, daß infolge der in Schulen, Kindergärten, auf den Spielplätzen und bei dem sonstigen nahen Verkehr der Kinder reichlich gegebenen Gelegenheiten zur Übertragung bei uns die weitaus meisten Menschen als Kinder ihre Masernerkrankung durchmachen. Und wer seine Kindheit in vornehmer Abgeschlossenheit verlebt und keine öffentlichen Schulen besucht, der muß damit rechnen, daß er später als Erwachsener einmal im öffentlichen Verkehr die Krankheit aufliest. Das einmalige Überstehen der Masern schützt für das ganze Leben vor einer weiteren Erkrankung an ihnen. Es wird freilich manchmal berichtet, daß jemand zwei- oder mehrmals Masern gehabt habe. Das beruht aber wohl immer auf einer Verwechslung mit ähnlichen Affektionen, insbesondere den Röteln, von denen wir nachher zu sprechen haben werden.

Die Inkubationszeit der Masern, d. h. derjenige Zeitraum, welcher verstreicht zwischen der Ansteckung und dem eigentlichen Ausbruch, beträgt 12—14 Tage. Beim Scharlach, das kann ich hier noch nachtragen, pflegt diese Zeit etwas kürzer zu sein, etwa 5—8 Tage. Gegen Ende der Maserninkubation, also kurz vor Ausbruch der Krankheit, fangen die Kinder an zu niesen und zu husten, bisweilen haben sie auch schon leichte Steigerungen der Körperwärme und sind infolgedessen unlustig und schlechter Laune. Die Masern sind bekanntlich gleichfalls eine Ausschlagskrankheit, und die ersten roten Flecken pflegen sich an der Stirn und an den Schläfen bald nach diesem Anfang unter gleichzeitigem allmählichen Anstieg des Fiebers zu zeigen. Hier sind die Flecken beträchtlich größer als beim Scharlach, sie stehen auch mehr getrennt voneinander und fließen weniger oder nur an einzelnen Stellen, z. B. im Gesicht, zu einer allgemeinen Hautröte zusammen. Im Verlauf von Tagen breiten sich die Flecken vom Kopf über den Körper, nach unten fortschreitend, aus, in der Weise, daß sie im Gesicht schon abblassen, wenn sie an den Füßen noch in voller Blüte stehen. Mit der vollendeten Entwicklung des Ausschlags pflegt das Fieber rasch zur Norm abzufallen, so daß also die ganze Fieberbewegung von der bei Scharlach wesentlich verschieden ist. Nebenher gehen zuweilen recht heftige katarrhalische Erscheinungen: starker Schnupfen,

Entzündung der Augenbindehaut mit Gefühl von Brennen in den Augen und Lichtscheu, sowie erst trocken, später mehr gelöst klingender Husten als Zeichen eines Katarrhs in der Luftröhre und ihren Verzweigungen. Die katarrhalischen Erscheinungen, insbesondere der Husten, bestehen nach Schwinden des Fiebers und Abblassen des Ausschlages noch einige Tage, um sich dann allmählich zu verlieren. Auf der Höhe der Krankheit tritt nicht selten auch etwas Durchfall auf. Man kann diese ganze Gruppe der Masernerscheinungen unter einen Gesichtspunkt bringen, wenn man sich vorstellt, daß die Bindehaut der Augen und die Schleimhaut der Atmungswege, vielleicht auch die des Darmes, von Schwellung und Rötung in ähnlicher Weise ergriffen ist, wie uns dies auf der äußeren Haut in Gestalt des Ausschlages zu Gesicht kommt.

Zur Ansteckung mit Masern genügt ein ganz kurzes Zusammensein mit dem Kranken, der unzweifelhaft, besonders mit seinem Husten und Niesen, die umgebende Luft mit Masernkeimen erfüllt. Dabei braucht der Masernausschlag noch nicht ausgebrochen zu sein, vielmehr ist der vorausgehende Katarrh, den ich vorhin schilderte, auch schon imstande, die Masernansteckung zu vermitteln. Dieser Umstand ist von einiger Wichtigkeit und erklärt uns namentlich, warum man mit den Maßregeln der Isolierung und Absperrung, z. B. den Geschwistern gegenüber, meistens zu spät kommt und nichts ausrichtet. Die Ansteckung ist eben schon erfolgt vor dem Erscheinen des Ausschlages und des eigentlichen fieberhaften Krankseins, also zu einer Zeit, wo man noch nicht wußte, was aus der Sache werden will. In Familien mit mehreren Kindern ist deshalb der Hergang fast regelmäßig der, daß eines der Kinder die Masern aus der Schule heimbringt, und daß ihm seine Geschwister, soweit sie nicht früher schon Masern hatten, in 12 bis 14 Tagen unweigerlich allesamt nachfolgen. Deshalb tritt auch keine Kinderkrankheit in solchen Massenepidemien auf wie gerade die Masern. Während einer solchen kann man in den engen, dichtbewohnten, kinderreichen Quartieren der Arbeiterbevölkerung und kleinen Leute von Haus zu Haus, von Stockwerk zu Stockwerk gehen und wird überall Masernkinder antreffen. In den unteren Klassen der Volksschulen, wo eine frische, noch nicht durchseuchte Generation auf den Bänken sitzt, sind die Masernerkrankungen häufig so zahlreich, daß der Unterricht vorübergehend eingestellt werden muß, weil nicht mehr genug Kinder in den Klassen erscheinen.

Auf der andern Seite und zum Unterschied vom Scharlach ist der Ansteckungsstoff der Masern sehr flüchtig. Er haftet nicht an Gegenständen und Personen, kann also nicht durch dritte übertragen und verschleppt werden. Er bleibt auch nicht im Krankenzimmer nach Ablauf der Krankheit noch infektionstüchtig, so daß man sich mit der einfachen Reinigung und Lüftung desselben begnügen und von einer eigentlichen Desinfektion absehen kann. Aus dem gleichen Grunde gilt auch für die Geschwister von Masernkranken nicht das Verbot des Schulbesuches, wie dies bei Scharlach und Diphtherie bekanntlich der Fall ist.

Man sieht also, daß wir durch unsere sozialen und Verkehrsverhältnisse, wie sie nun einmal sind, und durch die eigentümliche Art, wie die Masern übertragen und verbreitet werden, denselben gegenüber leider eine resignierte Stellung einnehmen müssen. Daher hat man sich seit lange daran gewöhnt, sie für etwas Notwendiges, das jeder Kulturmensch durchmachen muß, anzusehen. Zum Glück sind nun die Masern eine weit weniger schlimme und bedenkliche Krankheit als Scharlach und Diphtherie.

Zu den harmlosen und gleichgültigen sind sie deshalb aber auch nicht zu rechnen. Wenn Sie während einer Masernepidemie die Sterberegister verfolgen, so können Sie ein nicht unbeträchtliches Ansteigen der Kindersterblichkeit feststellen. Sonst gesunde Kinder in nicht zu zartem Alter pflegen ja eine Masernerkrankung glatt und anstandslos zu überstehen. Es gibt aber, besonders unter der ärmeren Bevölkerung, eine Menge schwächlicher, elender Kinder, heruntergekommen und entkräftet durch andere Leiden, die englische Krankheit, chronische Katarrhe der Atmungsorgane und Darmkatarrhe, tuberkulöse Drüsen- und Knochenerkrankungen und dergl. mehr. Wenn diese armen Wesen von Masern ergriffen werden, so hält der Tod unter ihnen reiche Ernte, manchem bedauernswerten kleinen Dulder vielleicht zum Glück, der sonst noch sein sieches Dasein für ein paar Jahre hätte dahinschleppen müssen. Bei solchen Kindern sind es meist Komplikationen von seiten der Atmungsorgane, die den Tod herbeiführen. Der Masernkatarrh steigt bei ihnen gerne in die feinsten Verzweigungen der Luftröhre hinunter, eine für kleine und schwächliche Kinder wie auch für alte Leute stets gefährliche Erkrankung; oder es knüpft sich an denselben eine sog. katarrhalische Lungenentzündung, der sie gleichfalls früher oder später erliegen. Treten Masern zur Zeit einer Keuchhustenepidemie auf, so trifft man nicht selten beide Krankheiten bei demselben Kind, einander gegenseitig verschlimmernd und komplizierend, an. Jede dieser Krankheiten gefährdet allein schon die Atmungsorgane, miteinander vereint, tun sie es doppelt.

Über die spezielle Pflege bei Masern ist nicht viel hinzuzufügen. Daß die Kranken das Bett hüten müssen, ist wohl selbstverständlich, und zwar noch einige Tage über den Fieberabfall hinaus, jedenfalls so lange, bis die katarrhalischen Erscheinungen sich verloren haben. Das Krankenzimmer pflegt man etwas dunkel zu halten, weil grelles Licht entzündeten Augen wehtut. Aus demselben Grund stellt man Lichter und Lampen so auf, daß ihr Schein nicht in die Augen fällt, oder versieht sie mit einem entsprechenden Schirm. Die Lidränder sind infolge der Entzündung beim Erwachen bisweilen verklebt, so daß das Öffnen der Augen den Kindern Schmerzen macht. Da muß man durch Betupfen, Auswaschen oder auch Umschläge mit einem milden Augenwasser nach Verordnung des Arztes nachhelfen. Auch sonst sollen die Augen mit einer derartigen Flüssigkeit öfters ausgewaschen werden. Man benutzt dazu am besten kleine Bäusche von Verbandwatte oder Verbandmull, natürlich jedesmal frische. Kleinere Kinder haben die Neigung, weil sie Jucken und Brennen in den Augen verspüren, mit ihren Händchen daran zu wischen und zu reiben. Das muß man nach Möglichkeit verhindern, auch der Sauberkeit der Kinderfinger deshalb besonders große Aufmerksamkeit zuwenden. Denn wenn Schmutz in die Augen hineingerieben wird, gibt es nachher Geschwüre auf der Hornhaut oder ähnliche unangenehme Dinge.

Genaue Messung und Aufzeichnung der Körpertemperatur ist auch hier Aufgabe der Pflegerin. Nach Ausbreitung der roten Flecken über den ganzen Körper soll die Körperwärme ziemlich rasch zur Norm heruntergehen. Tut sie dies nicht oder steigt sie neuerdings an, so deutet dies auf eine Komplikation meist im Bereich der Atmungsorgane, auf eine Bronchitis oder Lungenentzündung hin. Gleichzeitig damit pflegt dann auch die Atmung rascher zu werden, auch ist sie, bei kleineren Kindern wenigstens, dann bei der Ausatmung von einem eigentümlichen ächzenden oder stöhnenden Laut begleitet. Wenn bei kleinen

Kindern der Masernkatarrh in die feinsten Luftröhrenverzweigungen herabsteigt, so ist diese bedrohliche Wendung meist schon äußerlich daran zu erkennen, daß die sonst frischroten Masernflecke eine bläuliche Färbung annehmen. Auch hier hat also die Pflegerin auf allerhand aufzumerken. Über derartige Beobachtungen soll sie dem Arzt Mitteilung machen bezw. ihn sofort benachrichtigen lassen, wenn sein Besuch nicht ohnehin für die nächste Zeit in Aussicht steht.

Große Ähnlichkeit mit den Masern hat eine andere Krankheit dieser Gruppe, nämlich die Röteln. Diese Ähnlichkeit ist so groß, daß nicht nur häufig Verwechslungen unterlaufen, sondern auch sogar von Ärzten die Auffassung vertreten wurde, Röteln seien überhaupt keine Krankheit für sich, sondern sie seien nur besonders leicht und gelinde verlaufende Masern. Diese Anschauung ist sicher irrig, sie wird schon durch die eine Tatsache widerlegt, daß das Überstehen der Masern vor den Röteln nicht schützt und umgekehrt. Die Röteln sind im ganzen keine häufige Krankheit. Es können oft mehrere Jahre vergehen, bis man wieder eine Gruppe von Fällen zu sehen bekommt. Auch sind die Röteln, wenn sie nicht besonders schwache Kinder befallen, im ganzen eine harmlose Erkrankung und in der Tat ein abgeschwächtes Abbild der Masern: das Fieber pflegt geringer zu sein, der Ausschlag tritt in kleineren und mehr zerstreut stehenden Flecken auf, auch die katarrhalischen Erscheinungen, Schnupfen, Husten und Bindehautkatarrh, halten sich in bescheidenen Grenzen. Bezüglich der Pflege ist dem, was bei den Masern ausgeführt wurde, nichts hinzuzufügen.

An Gutartigkeit stehen den Röteln die Wasserblattern oder Windpocken gleich. Sie treten bisweilen in ziemlich ausgedehnten Epidemien auf und befallen meist Kinder innerhalb der ersten zehn Lebensjahre. Die Ansteckung mit denselben besorgen gewöhnlich die Kinderschulen und Kindergärten sowie die ersten Klassen der Elementarschulen. Ab und zu sieht man sie auch bei älteren Kindern zwischen 15 und 20 Jahren. Ein mehr als einmaliges Befallenwerden kommt auch hier nicht vor. Den Namen Wasserblattern verdankt die Krankheit kleinen, etwa hanfkorngroßen, mit heller Flüssigkeit gefüllten Bläschen, welche aus einem roten Fleckchen, das etwa Ähnlichkeit mit einem Flohstich hat, aufschießen. Die ersten Bläschen stehen auf der behaarten Kopfhaut, dann kommen weitere im Gesicht, nicht selten auch auf der Schleimhaut des Mundes, der Nase und des Rachens und nach unten fortschreitend auf der übrigen Körperoberfläche. Nach einigen Stunden schon trübt sich der Inhalt der Bläschen, sie trocknen dann zu einer kleinen Kruste ein und heilen in wenigen Tagen ab, meist ohne eine Narbe zu hinterlassen. Daneben her gehen gewöhnlich unbedeutende katarrhalische Erscheinungen, auch das begleitende Fieber pflegt nicht hoch und von geringer Dauer zu sein. Einzelne Kinder werden allerdings auch schwerer ergriffen, so daß sie einen schwerer kranken Eindruck machen, hin und wieder auch ist die Entwicklung des Bläschenausschlags so massenhaft, daß man auf den ersten Anblick einen Fall der abgeschwächten Form von echten Blattern oder Pocken vor sich zu haben glaubt.

Bei der Pflege von Kindern mit Wasserblattern gibt es eigentlich nur ein Erfordernis, nämlich, daß sie sorgfältig rein gehalten werden. Dies bezieht sich auf den Körper sowohl wie auf das Bettzeug. Die Kinder haben die Neigung, die etwas juckenden Bläschen zu zerreiben und zu zerkratzen. Wenn dabei Schmutz hineinkommt, so können Infektionen der Haut mit Bildung von Geschwüren nachfolgen, die dann erst nach längerer Zeit mit Hinterlassung einer sichtbaren Narbe abheilen. Aus diesem Grunde muß man die meist nicht ganz einwandsfreien Finger der kleinen Patienten häufig auf ihre Sauberkeit prüfen.

Ein Krankheitsbild ganz anderer und eigener Art ist der Ziegenpeter, Mumps oder Wochentölpel. Diese gleichfalls ansteckende und in kleineren Epidemien auftretende Krankheit beruht auf einer entzündlichen Anschwellung der beiderseits von den Ohren bis unter die Kieferwinkel herab gelagerten großen Speicheldrüsen. Das eigentümlich dickköpfig geschwollene und tölpelhaft entstellte Aussehen solcher Kranker wird allen bekannt sein. Die Bezeichnung Wochentölpel stammt daher, daß es nach Abfall des Fiebers meist ziemlich lange dauert, bis die Anschwellung ganz schwindet. Das Fieber ist am Anfang nicht selten recht hoch und die Kinder dementsprechend krank. Komplikationen und üble Folgen, wie z. B. Geschwürsbildung in der angeschwollenen Speicheldrüse, sind selten.

Die Pflege hat die allgemeinen Regeln bei fieberhaften Krankheiten zu beachten. Die durch die Geschwulst bedingten spannenden Schmerzen pflegt man durch warme Umschläge, durch Bestreichen und Bedecken mit warmem Öl zu lindern.

Die letzte der ansteckenden Kinderkrankheiten, mit der wir uns noch zu beschäftigen haben, den Keuchhusten, möchte ich als eine herzlich unnötige und überflüssige Sache bezeichnen. Mit Recht bildet der blaue Husten, wie man ihn in Süd-, oder der Stickhusten, wie man ihn in Norddeutschland nennt, den Schrecken der Kinderstuben, weniger wegen seiner direkten Gefährlichkeit, obwohl er ja auch manches aufblühende Leben vernichtet, als wegen seiner endlos langen Dauer, und weil er die Kinder in ihrer Ernährung und in ihren Kräften häufig recht herunterbringt. Der Keuchhusten tritt epidemieweise auf, wenn er auch in großen und größeren Städten gleich Masern und Scharlach wohl nie ganz ausgeht. Die Empfänglichkeit ist etwa bis zum 8. oder 10. Lebensjahr eine ziemlich allgemeine, läßt von da ab aber beträchtlich nach. Bisweilen sieht man auch Erwachsene erkranken, namentlich Mütter und Kindermädchen, wenn sie durch Besorgung von Keuchhustenkindern bei Tag und Nacht einer intensiven Ansteckung ausgesetzt sind.

Das Krankheitsbild dürfte so allgemein bekannt sein, daß ich es kaum näher zu schildern brauche. Den Beginn bildet während ca. einer Woche ein gewöhnlicher Husten, ein katarrhalisches Vorstadium, dem man zunächst noch nichts Besonderes anmerkt. Für ansteckend gilt indessen auch dieser einleitende Husten schon, ein Umstand, der wie bei den Masern die Verhütung der Krankheit sehr erschwert. Bis der Husten, den eines der Kinder aus der Schule oder vom Spielplatz mit nach Hause bringt, in seinem wahren Wesen sich zeigt, sind die Geschwister meist schon angesteckt, und man kommt mit der Absperrung zu spät. Auf die katarrhalische Einleitung folgt dann bald das zweite Stadium des eigentlichen Krampfhustens. Hier treten die bekannten krampfhaften Hustenattacken auf mit hohl klingendem Aufziehen des Atems, oft mit Erbrechen von Schleim und Speisen zum Schluß, wobei die Kinder blaurot im Gesicht werden und sich Halt und Hilfe suchend an einer erwachsenen Person, an einem Stuhl oder Tisch anklammern. Ist der Anfall vorbei, so sind die Kinder zunächst etwas erschöpft, gehen aber dann bald ihrer Beschäftigung oder ihrem Spiel wieder nach. Die Schwere der Fälle wechselt im allgemeinen mit der Häufigkeit der Hustenattacken. Es gibt alle Übergänge von einigen milden Hustenschauern, denen man kaum etwas Besonderes anmerkt, bis zu 50, 60 und mehr Anfällen in 24 Stunden. Am ärgsten pflegt es in der Nacht zu sein, wo die häufige Störung der Nachtruhe für die Kinder selbst und ihre Angehörigen eine wahre Qual werden kann. Durch häufige und heftige Anfälle bekommen die Kinder ein eigentümliches, gedunsenes Aussehen, besonders um die Augen herum, so daß man daraus schon, ohne sie husten zu hören, vermuten kann, was vorliegt. Dieses zweite Stadium des Krampfhustens kann über eine ganze Reihe von Wochen sich erstrecken und durch seine lange Dauer alle Beteiligten wahrhaft mürbe machen. Zum Schluß klingt dann die Krankheit in ein katarrhalisches Nachstadium ohne die eigentümlichen Anfälle aus. Nicht selten behalten die Kinder eine ausgesprochene Neigung zu Katarrhen der Luftwege für einige Zeit zurück.

Keuchhusten bekommt man nur einmal, und es ist mit einem Male auch gerade genug. Wenn hier und da von mehrmaliger Erkrankung berichtet wird, so beruht das auf einem Irrtum, der dadurch veranlaßt ist, daß Kinder, die vor einiger Zeit Keuchhusten hatten und darauf an einem gewöhnlichen Katarrhusten erkranken, infolge der früheren langen Gewöhnung auch jetzt wieder in den alten krampfhaften Hustenton zurückfallen. Das klingt dann wohl wie blauer Husten, ist aber in Wirklichkeit keiner mehr. Der Verlauf des einfachen Keuchhustens ist zum Unterschied von allen bisher besprochenen Krankheiten fieberlos. Tritt dennoch Fieber auf, so liegt eine komplizierende katarrhalische oder entzündliche Erkrankung der Atmungsorgane vor. Man muß also auch beim Keuchhusten das Fieberthermometer zur Hand haben. Während der ganzen Dauer des Keuchhustens täglich zu messen, ist kaum durchführbar, auch nicht zu verlangen. Sobald aber ein Kind in den Pausen zwischen den Anfällen dauernd müde, unlustig und verdrossen ist, die Eßlust verliert und heiße Hände hat, messe man seine Körperwärme, um es ins Bett zu stecken, sobald diese die Norm überschreitet.

Zum Zweck der Verhütung des Keuchhustens könnte mehr geschehen, als tatsächlich geschieht. Freilich ist hier mit Polizeiverordnungen nichts auszurichten, da muß das Publikum selbst, die Eltern, die Lehrer, ich möchte sagen die öffentliche Meinung muß da helfend und schützend eintreten. Zunächst ist dabei die Schule zu nennen. Viele Kinder sind bei ihrem Keuchhusten nicht krank. Sie machen ihre paar Hustenanfälle ruhig ab und gehen damit nach wie vor zur Schule, wo sie ihre Kameraden anstecken. Bisweilen wissen die Eltern gar nicht, um was es sich handelt; dann kann man ihnen keinen Vorwurf machen. In anderen Fällen wollen sie es nicht wissen, die Krankheit wird geleugnet und vertuscht, damit nicht die Notwendigkeit eintritt, die Kinder für längere Zeit der Schule fern zu halten. Ich will gerne zugeben, daß solche lange Schulversäumnisse, wobei es sich ja unter Umständen durch Sitzenbleiben um den Verlust eines Jahres handelt, eine sehr ärgerliche Sache sind. Trotzdem muß es als eine grobe Rücksichtslosigkeit und Fahrlässigkeit gegenüber den Mitschülern und ihren Familien bezeichnet werden, wenn man notorisch an Keuchhusten erkrankte Kinder zur Schule gehen oder sonst mit anderen Kindern in Verkehr treten läßt.

Die Lehrer und Lehrerinnen sollten auf diese Hustenart ein besonders wachsames Auge haben. Der Keuchhustenanfall ist in seiner Eigenart auch für den Laien nicht zu verkennen, wenn er ihn einige Male gehört und gesehen hat. Das Lehrpersonal müßte diese Kinder alle unweigerlich aus der Schule weisen und nicht eher wieder annehmen, als bis die Krankheit vollständig gehoben ist.

Dieselbe Rücksichtslosigkeit wie mit dem Schulbesuch herrscht auch mit dem Verkehr der Keuchhustenkinder in öffentlichen Anlagen, auf Spielplätzen und Promenaden. Da kommt freilich die Schwierigkeit, daß die Kinder mit blauem Husten bei guter Witterung möglichst viel an die Luft gebracht werden sollen; denn gute und frische Luft ist für sie die beste Medizin. Dennoch muß man wenigstens verlangen, daß die Krankheit nicht verheimlicht und abgeleugnet wird, daß man andere, die in die Nähe kommen, darauf aufmerksam macht, daß man mit den kranken Kindern sich abseits hält und nicht zuläßt, daß sie sich mit den andern gemeinsam tummeln. Nicht selten trifft man Kinder mit Keuchhusten in den Sommerfrischen und namentlich in den Seebädern an. Den Kranken pflegt das meist sehr gut zu bekommen, allerdings auf Kosten und zum Nachteil der gesunden, die sie dort anstecken. Es ist nicht selten vorgekommen, daß eine Familie mit ihren Kindern in ein Seebad gereist ist, und daß diese von dort als eine sehr unwillkommene Reisegabe den Keuchhusten mit nach Hause gebracht haben. In der Nähe von großen Städten ist neuerdings der sehr zweckmäßige Brauch aufgekommen, daß ein entsprechend gelegenes Gasthaus oder Pension sich eigens auf die Aufnahme von Keuchhustenkindern einrichtet und nur solche aufnimmt. Ein derartiger Platz muß natürlich abseits vom allgemeinen Verkehr in der Nähe des Waldes liegen. Die Kranken finden hier dann vollauf, was sie brauchen, und wenn man so vernünftig ist, diese Keuchhustenstation ruhig als das zu bezeichnen, was sie ist, so wird jeder so klug sein, seine Kinder von dort fern zu halten. Um den Mißstand mit den Seebädern zu beseitigen, hat man schon den Vorschlag gemacht, eine von den kleineren ost- oder nordfriesischen Inseln ausschließlich für Keuchhustenkranke zu reservieren. Der Gedanke ist an sich sehr gut, ich fürchte nur, man hat die Rechnung ohne die Inselbewohner gemacht. Denn die wollen auch nicht Jahr für Jahr ihren Nachwuchs mit Keuchhusten angesteckt haben. Am ersten ließe sich die Sache noch so einrichten wie auf dem Festland, d. h. es müßte eine abseits vom Verkehr der übrigen Badegäste und abseits von den anderen Wohnstätten gelegene Pension sich dazu hergeben, Keuchhustenkranke und nur solche bei sich aufzunehmen. Ich glaube sogar, es wäre mit einem derartigen Unternehmen ein gutes Geschäft zu machen. Mit dem Haus allein ist es freilich nicht getan. Es müßte auch ein gewisser nicht klein bemessener Teil des Strandes und des übrigen Landes den kranken Kindern ausschließlich zur Verfügung stehen. Denn diese sollen ja auch wieder auf einen möglichst großen Luftraum verteilt werden, damit sie sich nicht immer wieder gegenseitig anstecken. Es unterliegt m. E. keinem Zweifel, daß durch verständige Mitwirkung des Publikums selbst der Verbreitung des Keuchhustens wirksame Schranken gezogen werden könnten. Freilich gehören dazu zwei Eigenschaften, die man leider nicht immer und nicht überall findet, nämlich Rücksicht und Offenheit.

In welcher Weise die pflegenden Angehörigen bei der Behandlung der an Keuchhusten erkrankten Kinder mitzuwirken haben, wurde schon angedeutet. Es handelt sich darum, denselben in möglichst ausgedehnter Weise den Genuß guter und frischer Luft zu verschaffen. In der guten Jahreszeit und bei guter Witterung, wo man die Kinder ausgiebig ins Freie schicken kann, hat das keine besonderen Schwierigkeiten. Erfahrungsgemäß verläuft auch der Keuchhusten im Sommer rascher und milder als im Winter. Bei Kälte, Regen und Schnee liegt die Sache aber nicht so einfach, zumal auch mit der gesteigerten Empfänglichkeit für Katarrhe und Entzündungen der Atmungsorgane gerechnet werden wuß. Wenn wir genötigt sind, die Kinder im Haus zu behalten, so muß unser Bestreben sein, jedem einzelnen einen möglichst großen Luftraum zur Verfügung zu stellen und für möglichste Lufterneuerung zu sorgen. Es unterliegt keinem Zweifel, daß die Kinder, wenn sie im geschlossenen Raum sich aufhalten, durch ihren Husten die sie umgebende Luft verderben und dadurch immer neue Hustenanfälle hervorrufen. Daher kommt es auch, daß der Husten in der Nacht am häufigsten und am heftigsten aufzutreten pflegt, so daß also die Beschaffenheit und Einteilung der Schlafräume zuerst ins Auge zu fassen ist. Je größer und luftiger das Schlafzimmer, je weniger Menschen darin untergebracht sind, um so besser, am allerbesten, wenn jedes Kind mit Keuchhusten einen geräumigen Schlafraum für sich erhalten kann. Sehr gut ist es ferner, wenn man die Kinder für den Tagesaufenthalt in ganz andere Räume verbringen kann, um inzwischen die Schlafzimmer ausgiebig zu lüften. Wenn irgend tunlich, sollen die Kinder auch nicht während des ganzen Tages in ein und demselben Raum sich aufhalten. Man wechselt am besten in der Weise mit zwei Zimmern ab, daß das eine während des Vormittags, das andere während des Nachmittags benutzt wird. Das gerade nicht benutzte Zimmer wird dann durch Öffnen aller Fenster gründlich mit frischer Luft versorgt. Man scheue sich auch hier nicht, eventuell den sog. Salon oder die gute Stube für diesen

Zweck zu opfern. Zu einer von Keuchhusten heimgesuchten Familie pflegen ja keine Besuche zu kommen, und wenn welche kommen, so teile man ihnen pflichtgemäß und ehrlich den Sachverhalt mit. Sie werden dann schleunigst wieder fortgehen. Sind in einer Familie mehrere Kinder, sagen wir einmal vier, gleichzeitig an blauem Husten erkrankt, so tut man gut, sie in zwei Partien in zwei Räumen voneinander zu trennen. Es ist natürlich nicht in jeder Wohnung leicht, diese Maßregeln in der geschilderten Weise durchzuführen. Das erfordert eine gewisse Findigkeit und Kombinationsgabe, auch darf man vor einer gänzlichen Änderung der Wohnungseinteilung nötigenfalls nicht zurückschrecken. Es verlohnt sich aber sehr wohl der Mühe, die Krankheit nach Möglichkeit zu einer leichten zu gestalten und ihre Dauer abzukürzen, denn sie kann sonst allerhand Schlimmes und Unangenehmes im Gefolge haben. Bei kleinen und schwächlichen Kindern entsteht nicht selten ein böser Lungenkatarrh oder eine katarrhalische Lungenentzündung, andere tragen einen Unterleibsbruch, eine Lungenerweiterung mit asthmatischen Beschwerden oder einen chronischen Bronchialkatarrh davon. Die aus Keuchhusten bisweilen entstehende Anlage zur Tuberkulose muß auch erwähnt werden.

Man wird mir nach dem Angeführten wohl beistimmen, daß der Keuchhusten eine sehr überflüssige und störende Krankheit ist, die man mit allen Mitteln verhüten und bekämpfen sollte. Ich hoffe auch gezeigt zu haben, daß der häuslichen Vorsorge und Pflege dabei eine besonders wichtige und wirksame Rolle zufällt, wirksamer wohl als alle Arzneien, die man aus der Apotheke beziehen kann.

Damit sind wir am Schluß unserer Betrachtungen angelangt. Es war meine Absicht, an einigen Beispielen zu zeigen, wie mannigfaltig und wie schwierig die Aufgaben der Krankenpflege gerade bei den ansteckenden Krankheiten sind. Ein umständlicher und komplizierter Apparat kommt dabei indessen nicht zur Anwendung, vielmehr spielt die richtige Ausnutzung derjenigen Faktoren, auf denen auch in gesunden Tagen unser Dasein beruht, nämlich von Luft, Licht, Wasser und zweckmäßiger Ernährung eine hervorragende Rolle. Vielleicht haben meine Ausführungen auch zu der Erkenntnis geführt, daß Kranke zu pflegen keine Tätigkeit ist, die man als Liebhaberei nebenher betreiben kann, sondern daß diese Tätigkeit den Einsatz der vollen geistigen und körperlichen Kraft, den Einsatz der ganzen Persönlichkeit erfordert.